AF450703

DESAFIADOS
Conoce los retos de llevar una vida con significado en la actualidad

Jesús Alberto Fernández Martínez

EDIQUID

DESAFIADOS
© Jesús Alberto Fernández Martínez

Editado por: Corporación Ígneo, S.A.C.
para su sello editorial Ediquid
Av. Arequipa 185 1380, Urb. Santa Beatriz. Lima, Perú
Primera edición, abril, 2023

ISBN: 978-612-5078-83-4
Tiraje: 50 ejemplares

Hecho el Depósito Legal en la Biblioteca Nacional del Perú N° 2023-03018
Se terminó de imprimir en abril de 2023 en:
ALEPH IMPRESIONES SRL
Jr. Risso Nro. 580 Lince, Lima

www.grupoigneo.com
Correo electrónico: contacto@grupoigneo.com
Facebook: Grupo Ígneo | Twitter: @editorialigneo | Instagram: @grupoigneo

Colección: Integrales

Contenido

Dedicatoria

A mis hijos Laura y Gabriel que, aunque no están presentes físicamente, han sido la inspiración que me ha impulsado a enfrentar mis desafíos con la seguridad de que, en algún momento de la eternidad, estaremos juntos de nuevo. Sus cortas vidas fueron suficientes para dejar una huella en mi corazón que le da razón a todas las cosas que emprendo. Me enseñaron que, a corta edad, se puede amar a Dios y disfrutar de sus bendiciones.

A los jóvenes que han aceptado el desafío de amar a Jesús y ser testimonios de su poder transformador. Aquellos que han sido fieles y han dedicado sus vidas a alumbrar los corazones tristes con la verdad del Evangelio. A esos padres consagrados que han transformado sus familias en un preámbulo del cielo y han educado a sus hijos para la eternidad.

A esos personajes en la historia del pueblo de Dios que defendieron la verdad a costa de sus vidas. A esos héroes de la fe que han sido mi ejemplo para desarrollar un ministerio más enfocado en el servicio y la centralidad en las Escrituras. Aquellos que han desafiado mi vida para ser mejor pastor, capellán, esposo y persona.

Agradecimientos

A Dios por ser la fuente de inspiración y fortaleza en todos mis proyectos, la razón de mi existencia y quien motivó la escritura de este libro. Él me ha fortalecido y sostenido en todos mis desafíos, ha cumplido su promesa de estar conmigo todos los días. A Él gracias por darme la oportunidad de ser un instrumento de su gracia y trabajar en la consejería de jóvenes que han nutrido mi ministerio.

A mi esposa, Lorena, que ha sido mi apoyo incondicional en todas mis metas y me ha animado en los momentos decisivos. Ha sido la mejor esposa, amiga, maestra y consejera. Su contribución a este aporte ha sido importante, pues fue una guía para entender mejor la manera cómo piensa la juventud actual. Gracias a ella porque invirtió horas de su tiempo en ayudar a la realización de este material.

Prólogo

Desafiados es un libro dirigido a una juventud que interactúa con una sociedad desafiante en los diferentes contextos de la vida: desde vivir en el dominio de la tecnología, la decadencia moral, la vulnerabilidad ante las situaciones económicas, políticas, sociales y ambientales, así como el aumento de los trastornos emocionales y mentales. Bajo este panorama, que puede potenciar las vulnerabilidades, es necesario tener un fundamento estable que facilite el afrontamiento a las situaciones vividas. Cada joven es desafiado a vivir con un propósito, a darle sentido a sus experiencias, a mantener elevadas normas morales y a descubrir las innumerables posibilidades para hacer realidad sus sueños.

A diario, atiendo a jóvenes que han sido lastimados, que están frustrados o desesperados ante lo que es la vida. Que manifiestan sus dificultades para tener una idea clara de quién es Dios y de conocerse y aceptarse a sí mismos. Con patrones mentales que mantienen el miedo, la autocrítica, la inseguridad y el rechazo personal, estos jóvenes arrastran una tendencia a autodestruirse ante la angustia de un futuro incierto, de un ámbito social polarizado y de la manipulación de los medios. Por eso, esta propuesta desafía a la juventud a convertirse en protagonistas de sus propias vidas, a asumir con consciencia su papel en este mundo, a tomar decisiones adecuadas, a ser valientes frente a los obstáculos, a buscar la autenticidad y a desarrollar su máximo potencial. Y, como desafío mayor, conocer a un Salvador que mostró el gran amor de Dios y que los acompaña en cada reto.

Desafiados aborda temáticas difíciles desde la perspectiva bíblica y utiliza narrativa histórica y actual, donde se muestran las enseñanzas sin acomodarlas o redefinirlas, sino tal cual como son expresadas. También muestra la importancia del aspecto espiritual para cada joven y jovencita, busca un equilibrio entre la práctica religiosa y las expectativas espirituales propias. Además, reconoce que la poca coherencia en condenar algunas cosas y matizar otras solo crea un ambiente fluctuante y poco acogedor para la juventud; lo que los lleva a sentirse poco amados por la iglesia porque se mantiene una dinámica relacional en los dos extremos de mucha liberalidad o de legalismo.

Es aquí donde esta obra pone en la mesa lo relevante de una relación íntima con un Salvador que ha experimentado nuestras inestabilidades, problemas y dolores. Las formas cambiantes llevan a un abismo que dificulta conocer verdaderamente a Dios y lo que Él desea para cada uno. Solo Jesús ofrece la estabilidad y el equilibrio, y los invita a encontrarse con un Dios cercano a la juventud, que los desafía a ser conscientes de que, caminar con Él, es lo mejor para la vida.

Desafiados le propone a cada joven el comprender la respuesta de Jesús: **«El que me ha visto a mí, ha visto al Padre»** **(Juan 14:9)**. Sin esa relación, es imposible creer en su interés por tu bienestar físico, afectivo, social, mental y espiritual. Tampoco es posible confiar en sus palabras acerca del amor, del perdón, de los propósitos que tiene para ti y de una vida eterna, a no ser que creas realmente que Él vino para salvarte y ofrecerte una mejor vida. ¡Tu mejor desafío es acercarte a un Dios que te ama en libertad, incluso cuando costó la vida de su Hijo!

Lorena Peñaloza

Introducción

La profundización del secularismo supone nuevas visiones para interpretar el mundo y la cultura, con diversas concepciones que generan una oposición abierta a la fe cristiana. Ante el fracaso de la religión y la razón en el Premodernismo y el Modernismo, surge un movimiento secular donde las instituciones son poco creíbles. Los desafíos que enfrentan los jóvenes cristianos son cada vez más hostiles y radicales, pues hay una marcada distancia social de la norma de las religiones tradicionales, en la que se establecen y conforman dioses a la medida. También, dentro del ambiente de la fe, se disipan los fundamentos que han identificado a la cristiandad durante siglos. El pragmatismo es la nueva forma de religión donde las experiencias prácticas han sustituido a las bases teológicas y doctrinales.

Con base en la pérdida de la transmisión de valores en las actuales generaciones, junto a la extinción de los absolutos de la Palabra de Dios, se generan ambivalencias en la forma de practicar y concebir la verdad. De esta preocupación escribe el reconocido apologeta cristiano Josh McDowell en su libro titulado *La última generación de cristianos*. El autor expone, de forma documentada, la realidad de las nuevas generaciones de creyentes y su distanciamiento de los aspectos que identificaron a cristianos de las generaciones pasadas. Insta a transmitir la verdad absoluta a niños, adolescentes y jóvenes o, de lo contrario, nosotros seremos la última generación de creyentes.

Estamos en un mundo sincretizado donde las culturas se han emancipado de los valores absolutos para establecer sistemas autogestionados, los cuales buscan complacer las exigencias de grupos y prácticas individuales. Enfrentamos macrosituaciones que han desprestigiado y casi inutilizado las prácticas religiosas esenciales. Vivimos en un escenario donde priman las libertades individuales y preferencias grupales sobre lo que Dios ha establecido sabiamente. Ser cristiano hoy día pareciera ser un transitar sin sentido, una encrucijada donde existen miles de alternativas que son consideradas igual de válidas y significantes. Este libro es un tributo para aquellos jóvenes, hombres y mujeres de fe que han aceptado el desafío de mantenerse del lado de Dios bajo cualquier circunstancia.

1

Desafiados por un sueño

Es una locura odiar a todas las rosas porque una te pinchó.
Renunciar a todos tus sueños porque uno de ellos no se realizó
Atribuida a Antoine de Saint-Exupéry.

El béisbol era lo que más me apasionaba en mi niñez y juventud: tenía mucho talento y disfrutaba cada vez que salía al campo de juego. Mi gran sueño era jugar para los Yankees de New York y ser un gran jugador; me estaba preparando para esta meta y el destino parecía estar a mi favor. Ese sueño fue truncado abruptamente cuando, al regresar de un campeonato nacional de béisbol, donde obtuve los máximos trofeos, un accidente automovilístico cobró la vida de mi madre. Mis sueños y mi vida cambiaron, sin yo tener idea de que, a pesar de esos momentos oscuros, Dios me desafió a un sueño mejor. Y yo he confiado en sus promesas.

La vida de cada joven está llena de sueños que guían sus acciones y propósitos. Son anhelos que apuntan a lo alto y se proyectan hacia un futuro mejor. No todos llegan a materializarse, a veces, porque no hay la fuerza ni la persistencia necesarias, pues se presentan obstáculos que desaniman y desvían del camino. El pesimismo reinante en la sociedad y las circunstancias adversas de la vida influyen, de un modo negativo, sobre las ilusiones de la juventud actual. El mundo real los sobrepasa con sus problemas y demandas, lo que se puede traducir en una dificultad para tener expectativas positivas. No solamente tú esperas y sueñas con cosas buenas y grandiosas, Dios también tiene sueños hermosos y extraordinarios para tu vida. El experto en liderazgo Bobb Bielh comenta: «Los sueños son como burbujas de jabón flotando cerca de rocas afiladas en un día ventoso».

El 21 de julio de 1969 el Apolo XI llegó a la órbita lunar y Neil Armstrong dejó la primera huella en la Luna. Acto seguido pronunció ante millones de telespectadores las palabras que representaban aquel sueño americano: «Un pequeño paso para un hombre, un gran paso para la humanidad». Aunque Armstrong logró una gran hazaña, tenía un sueño mayor: ir a algún lugar donde, con certeza, supiera que Jesús había caminado. Fue así como en 1988 le pidió a Thomas Friedman, un profesor experto en arqueología bíblica, que lo guiara a alcanzar ese objetivo. Lo llevó a los restos de las escaleras del templo construido por Herodes el Grande y le dijo: «Estos peldaños constituían la principal entrada al templo, no hay duda de que Jesús subió por ellos». El astronauta oró durante un rato, al terminar le dijo emocionado al arqueólogo: «Para mí significa más haber pisado estas escaleras que haber pisado la Luna».[1]

Quizás tienes un sueño que va más allá de las expectativas normales de la vida. De seguro mueve lo más profundo de tu ser y te guía a perseverar para conseguirlo. ¿Será que en tus sueños también Dios está incluido? ¿Que, como Armstrong, deseas alcanzar el ideal supremo de caminar con Él y seguir sus pisadas? Él comprendió que, en la vida, aunque dejes huellas o alcances metas, nada se compara con ser protagonista dentro del proyecto de vida que tiene Dios para ti: «Pues para esto fuisteis llamados; porque también Cristo padeció por nosotros, dejándonos ejemplo, para que sigáis sus pisadas» (1 Pedro 2:21). Quien siga las pisadas de Jesús irá más allá de sus ilusiones, asumirá su propósito, tendrá un accionar coherente con sus principios y será protagonista para lograr la excelencia en su desempeño.

Los *dreamers* son aquellos niños que, junto a sus padres, ingresaron a los Estados Unidos de manera irregular. Han crecido y vivido en un país que consideran su hogar; ahora son adolescentes y jóvenes que esperan ser ciudadanos norteamericanos y tener privilegios y oportunidades para una mejor vida. Lamentablemente, sus sueños han sido truncados por aspectos legales migratorios. Otro caso es el de la joven Malala Yousafzai, una niña pakistaní que quería estudiar en un país donde las niñas no tienen ese derecho. Su sueño casi le costó la vida por la agresión de los talibanes, pero esto no la desanimó ni le hizo dejar su deseo de aprender; con perseverancia, continuó luchando por ella y por sus compatriotas que corrían su misma suerte. Así logró ser la persona más joven en ganar el premio Nobel de la Paz en 2014. Ella ha expresado que su sueño no era obtener este premio, sino conseguir la paz y que todos los niños recibieran educación.

La palabra 'sueño' en hebreo es *jalom* y su significado más preciso tiene que ver con 'intensidad' y 'relevancia' por encima de lo normal. Es decir, los deseos son producto de pensamientos profundos: se vuelven firmes y traspasan la barrera de un propósito común. Si estás en sintonía con los sueños de Dios, tendrás que enfrentar desafíos a nivel moral, espiritual, social y profesional, los cuales pueden verse como obstáculos que intentarán impedir que alcances las metas propuestas. No vivas solo de ilusiones, sino que debes mantenerte firme en tu propósito de vida: dale significado a tus luchas y persiste en esos proyectos con fines nobles.

El joven que soñó con Dios

La historia de José fue intensa: era un chico con once hermanos que quizás deseaba ser un hijo fiel o veía a sus hermanos postrados y arrepentidos ante Dios. Como joven se dispuso a sobresalir en medio de una dinámica familiar difícil. Es aquí donde aparecen los sueños: «Y soñó José un sueño, y lo contó a sus hermanos; y ellos llegaron a aborrecerle más todavía» (Génesis 37:5);

> Soñó aun otro sueño, y lo contó a sus hermanos, diciendo: He aquí que he soñado otro sueño, y he aquí que el sol y la luna y once estrellas se inclinaban a mí. Y lo contó a su padre y a sus hermanos; y su padre le reprendió, y le dijo: ¿Qué sueño es este que soñaste? ¿Acaso vendremos yo y tu madre y tus hermanos a postrarnos en tierra ante ti?
>
> Génesis 37:9-10

El anhelo de su bisabuelo Abraham fue ser padre de muchedumbres, de una gran nación de adoradores. Su padre Jacob deseaba tener una conexión espiritual profunda con Dios y seguir el legado patriarcal. El futuro gobernador de Egipto sería probado más allá de sus fuerzas y, en cada circunstancia, confirmaría su confianza en el sueño de Dios para él: sin importar lo que pasara, no le fallaría.

> Una antigua leyenda oriental dice que si te despiertas en mitad de la noche, después de haber tenido una terrible pesadilla, debes hundir tu cara en la almohada y susurrar tres veces: «Baku-san, ven a comerte mi sueño (...)». Si tu deseo se cumple, el monstruoso Baku vendrá a tu habitación y aspirará tu mal sueño. Pero cuidado, has de asumir riesgos, el Baku no puede invocarse sin precauciones. Un

Baku demasiado hambriento puede no quedar satisfecho con un único sueño y podría aspirar también tus esperanzas y ambiciones, dejándote vacío de todos tus sueños, los buenos y los malos.[2]

Hay devoradores de sueños expertos en frustrar los planes y desanimarte. No permitas que nada trunque tus ilusiones: libérate de aquellos miedos que te intimidan, no le des el poder a ningún monstruo imaginario o real porque tienes un Dios que dirige el plan de tu vida.

Al ser entregado por sus hermanos, José pudo haber pensado que era un hijo obediente, que cumplía la misión dada por su padre, que no hacía nada malo. La pregunta de muchos jóvenes al pasar por situaciones injustas es: «¿Por qué me pasa esto?». El camino hacia tus sueños puede estar pavimentado de desánimo, traición, envidia, frustración, desilusión y pesimismo que harán más difícil tu viaje. La Biblia nos presenta historias de sueños rotos, como el anhelo de Moisés de llegar a Canaán, el de David de construir el templo, los discípulos de Emaús que estaban tristes al ver que su mesías estaba muerto, entre otros.

Cuántos jóvenes ven sus sueños destruidos por el devorador que hurta, mata y destruye, podemos hacer este paralelismo según las palabras de Juan (10:10). Vidas destrozadas, esperanzas diluidas, anhelos truncados y propósitos inalcanzados son experiencias comunes en aquellos que solo viven de ilusiones y no son constantes en lo que quieren. Dios, en cambio, desea ayudarte a construir la escalera necesaria para alcanzar tus ideales. Para esto necesitas salir del pozo, huir de la tentación, no exponerte al peligro deliberadamente, liberarte de tus cadenas y presentarte ante el devorador. Veamos cuáles pueden ser tus devoradores de sueños:

- **Familia:** A veces tu misma familia, los seres que más amas, propician de forma directa o indirecta la aniquilación de tus sueños. Esto fue lo que pasó con los hermanos de José: «Y dijeron el uno al otro: He aquí viene el soñador. Ahora pues, venid, y matémosle y echémosle en una cisterna, y diremos: Alguna mala bestia lo devoró; y veremos qué será de sus sueños» (Génesis 37:19-20). Estos intentaron dañarlo por todos los medios y, despectivamente, lo etiquetaron como «el soñador». No tenían buenos deseos para él y pensaron que, por medio de sus actos, estropearían el plan de Dios para José.

  Quizás hayas tenido alguna experiencia parecida a la de José: padres, hermanos o familiares cercanos que han actuado como devoradores de sueños, que interfieren con tus planes y tampoco te comprenden.

- **Pecado:** José llegó a la casa de Potifar, su jefe, donde tendría que enfrentar otra prueba mayor ya que la esposa de este superior también quiso abusar de él: «Y ella lo asió por su ropa, diciendo: Duerme conmigo. Entonces él dejó su ropa en las manos de ella, y huyó y salió» (Génesis 39:12). ¡Cuántos sueños han sido rotos por este devorador insaciable! El pecado es un aniquilador que destruye todo a su paso, te roba las ilusiones y convierte tu vida en una pesadilla de la cual es difícil despertar. Esta mujer le quitó su vestido, pero no su deseo firme de ser un joven que respetara y obedeciera a Dios y sus principios.

  No permitas que te quiten tu pureza: huye en la vía contraria de todo lo que atente contra tu fidelidad. José fue despojado de la libertad, del amor y la compañía de su padre, de su túnica, de su vestido de mayordomo; pero no de su fuerza de voluntad y del deseo de cumplir su propósito. En el camino de los soñadores de Dios hay evidencias de fracasos, relaciones dañinas, embarazos no deseados, errores, vicios destructores y un sinfín de «cadáveres»; pero también existen muchas huellas de aquellos aspectos en que se han cosechado logros y victorias con su ayuda.

- **Líderes y jefes:** Estos son los aniquiladores que no ven tu potencial y capacidad para marcar la diferencia en la vida. Tampoco facilitan el camino para ponerlos en acción puesto que no ven más allá de sus interpretaciones, y sus acciones no brindan la confianza necesaria para desarrollar tus habilidades y facultades. Esto pasó en esta situación en la que se consideraron las reglas pero no a la persona: «Y tomó su amo a José, y lo puso en la cárcel, donde estaban los presos del rey, y estuvo allí en la cárcel» (Génesis 39:20).

  Cuando tus superiores, líderes, jefes, pastores, guías y maestros te traicionan y no creen en ti, tienes que desafiarte a demostrar con paciencia y perseverancia que sí puedes ser una pieza fundamental en el escenario que Dios te lleve.

- **Amigos:** Con cuánta frecuencia los amigos nos abandonan y no cumplen con su palabra. A veces puedes creer que están contigo y brindas lo mejor para ellos, pero al final se olvidan de ti; esto le pasó a este protagonista: «Y el jefe de los coperos no se acordó de José, sino que le olvidó» (Génesis 40:23). Recibió el favor de José y se olvidó de él a la vuelta de la esquina.

  Falsas amistades que solo están de tu lado por conveniencia o que te influencian para llevarte por el camino del fracaso. Parecen auténticos pero no están para ti: te utilizan y se centran en ellos y sus intereses. Procura rodearte de verdaderos amigos que colaboren activamente en tu crecimiento personal, emocional y espiritual, esto ayudará a que puedas recuperarte de los golpes de la vida.

José logró superar los desafíos que se interpusieron en la carrera hacia sus sueños. Sin saberlo, Dios le daba un giro a su historia para ejecutar su plan. Las mismas circunstancias adversas se convertían en su oportunidad pues había llegado el momento de presentarse ante el faraón: «(…) he oído decir de ti, que oyes sueños para interpretarlos. Respondió José: No está en mí; Dios será el que dé respuesta propicia a Faraón» (Génesis 41:15-16). José sabía muy bien que no era su habilidad lo de interpretar sueños, que solo Dios podía develar estos misterios para él. Al revelar el significado de la visión, el faraón le dijo: «Pues que Dios te ha hecho saber todo esto, no hay entendido ni sabio como tú… y lo hizo subir en su segundo carro, y pregonaron delante de él: ¡Doblad la rodilla!; y lo puso sobre toda la tierra de Egipto» (Génesis 41:39,43). El impacto de su vida fue más allá de su recinto familiar. Siendo extranjero en Egipto, doblaron sus rodillas ante él: Dios le dio lo que había soñado y sobrepasó sus expectativas de vida.

En una historia que leí hace mucho, un profesor pidió a los alumnos que escribieran el sueño que querían alcanzar de adultos. Un chico escribió una composición de siete páginas en la que describía su meta. Dos días después, recibió de vuelta su trabajo: estaba reprobado y tenía una nota que decía: «Venga a verme después de clases». El muchacho fue a ver a su profesor y le preguntó:

—¿Por qué me reprobó?

El maestro expuso lo poco realista de su sueño ya que no tenía recursos y era de familia pobre.

—Pero puedo reconsiderar la nota si lo haces de nuevo y con objetivos más realistas.

El joven volvió a casa y, después de reflexionar durante una semana, entregó el mismo trabajo sin cambio alguno.

—Usted puede quedarse con mi mala nota, yo me quedaré con mi sueño.[3]

Esto ilustra cómo personas o situaciones aparecen para robar tus sueños y dejarte en el pozo del «no puedo». Es allí donde necesitas desarrollar la suficiente fortaleza para no abandonarlos ni dejarlos escapar. Si perseveras, puedes cambiar tu esclavitud por un liderazgo que favorezca a otros para que puedan superar los años de las vacas de la desesperanza. Cuando te digan que no puedes alcanzar tus deseos porque son poco realistas, quédate con tus aspiraciones y deja a los demás con sus limitaciones.

En un encuentro del expresidente Barack Obama con la juventud mexicana, dijo lo siguiente:

> México, yo sé que hay algunos, en este país y en otras partes, que se muestran escépticos ante el progreso de ustedes; que dudan de la capacidad de ustedes para aprovechar al máximo este momento (...).
>
> El progreso y el éxito jamás están garantizados. El futuro con que ustedes sueñan, el México que ustedes se imaginan, tienen que ganárselo (...). Tú eres el sueño (...).
>
> Ya que, al igual que fueron los patriotas, tanto jóvenes como viejos, quienes respondieron al llamado cuando el Padre Miguel Hidalgo repicó la campana de la iglesia hace dos siglos, ustedes, sus vidas, en un México libre, son el sueño que ellos se imaginaron. Y ahora les toca a ustedes

mantener vivas esas virtudes por las que lucharon tantas generaciones de mexicanos.

Ustedes son el sueño; la generación que puede defender la justicia y los derechos humanos y la dignidad humana, aquí en casa y alrededor del mundo.[4]

El tiempo de las vacas gordas anuncia la maravillosa bondad y amor de Dios. Después de ser rechazado por sus hermanos, de estar en un pozo, de ser vendido como esclavo, de pasar tiempo en la cárcel y demás sinsabores, José fue gobernador de Egipto. Se convirtió en el segundo hombre más poderoso de la tierra, tanto que ahora Potifar (su exjefe) se convirtió en su siervo. También logró la unidad familiar tan anhelada y ratificó el plan dado a su padre Jacob.

Dios lo usó para preservar, hacer crecer y fortalecer a su pueblo. Esta es la meta maravillosa que tiene para los jóvenes que asumen los desafíos como protagonistas en el plan divino. Cuando planificas con Dios, las metas se alcanzarán ya sea que las veas o no: aún en medio de la adversidad, no eres ignorado. Aunque tu experiencia sea vacía y rutinaria, si te encuentras en la cárcel por algún hábito o problema, si eres víctima del acoso y del daño de otros, estás en el punto donde debes mantenerte firme al saber que Dios transformará tu vida, como la de José, en algo grandioso.

Desafío 1: Identifica el sueño de Dios para tu vida. Evalúa si estás caminando hacia él, fija metas concretas y no te rindas ante los obstáculos, prosigue hasta lograrlo. Mira el ejemplo de José, quien confió en Dios y vio cumplidos sus sueños.

*Le lastimaron los pies con grilletes y en el cuello le pusieron
un collar de hierro. Hasta que llegó el momento de cumplir
sus sueños, el Señor puso a prueba el carácter de José.*

Salmos 105:18-19

---

1   C. L./ReL (26 de agosto del 2012). «Neil Armstrong valoraba más haber pisado donde pisó Cristo que aquella huella sobre la Luna». Religión en Libertad. Recuperado el 10 de enero del 2023. https://www.religionenlibertad.com/personajes/24512/neil-armstrong-valoraba-mas-haber-pisado-donde-piso-cristo-que-aquella.html.

2   Rimabau, S. (7 de noviembre del 2014). «Baku, el devorador de sueños». Revista Cultura y Ocio. Recuperado el 10 de enero del 2023. https://es.paperblog.com/baku-el-devorador-de-suenos-2898667/.

3   Valda, J. C. (14 de abril del 2019). «El ladrón de sueños». Evangelista Héctor L. Vásquez. Recuperado el 11 de enero del 2023. https://www.evangelistahector-vazquez.com/426470231_6753875.html.

4   Mundiario (3 de mayo del 2013). «El presidente Obama agradece a México su contribución al progreso de Estados Unidos». Recuperado el 12 de enero del 2023. https://www.mundiario.com/articulo/politica/el-presidente-obama-agradece-a-mexico-su-contribucion-al-progreso-de-estados-unidos/20130503210345004332.html.

2

Desafiados a una vida sin límites

El propósito de nuestra vida en este mundo no es la comodidad, sino la práctica y la preparación para la eternidad.
Lee Strobel

Crecí con la idea de que era alguien especial, pensaba que la felicidad sería para siempre y que la muerte no era algo en lo que debiese pensar. Antes de entrar a la adolescencia, me enfrenté a una realidad desconocida: allí me di cuenta que la muerte era inevitable y es parte de la experiencia de cada ser humano. Este descubrimiento me estremeció y produjo un choque en mi cosmovisión de vida. Fui desafiado a descubrir una simple palabra que podía cambiar la conciencia de mi vivir: eternidad. A los 22 años conocí el amor de Dios a través de Jesucristo: me di cuenta que sí es posible vivir para siempre y que la muerte no es nuestro destino final.

Si hablamos de eternidad, nos remontamos a los confines de lo inimaginable para nosotros, quienes somos temporales. Es una palabra en desuso, una especie de tabú para el hombre moderno y para su incomprensión de traspasar los límites de la temporalidad. La vida es un evento maravilloso: aunque sepamos que son temporales las sombras del presente, no le quitan lo asombroso. El vivir merece un más allá, proyectarse a una vida plena y sin fin; esto es un gran desafío para la juventud anclada a la temporalidad, pues estamos en el tiempo del vivir para lo momentáneo. El hoy cobra importancia porque es donde se construye para el mañana, el ayer provee el aprendizaje y desarrollo que permite abonar para una mejor vida ahora y para la venidera.

En una de las escenas de la película *Gladiador*, ganadora del Óscar, se muestra al general Máximo Décimo Meridio (Rusell Crowe) dirigiéndose a sus soldados en una batalla decisiva contra los bárbaros. Al animarlos para la lucha, dijo:

—Lo que hacemos en la vida, tiene su eco en la eternidad.[1]

Les hizo ver que lo que harían en ese momento tendría un significado para el futuro. Y no estaba equivocado. Todo lo que pensamos, sentimos, hablamos o hacemos tiene un eco que resuena en la vida presente y en nuestro futuro. Eres quien decide si tus actos y tu vida pasan a la bitácora del olvido o entran en la dimensión de lo eterno. Todos hemos nacido para encontrarnos con la eternidad, solo la podemos perder si así lo decidimos.

Nacido para la eternidad

Moisés nació en un momento histórico y, desde el comienzo, Dios tenía preparado un plan especial para él: «Por fe, al nacer Moisés lo escondieron sus padres durante tres meses; porque vieron que era un niño hermoso y no tuvieron miedo de las órdenes que el rey había dado de matar a los niños» (Hebreos 11:23). Todo aquel que reconoce su propósito divino sabe que vive en este mundo para caminar hacia la eternidad. Algunos piensan que «La eternidad es un desperdiciar en el cielo los tesoros destinados a la tierra». Creo que lo más sensato es decir que la temporalidad es arruinar, en esta vida, las riquezas que están reservadas para el reino de los cielos.

El trayecto que recorrió la cesta con el bebé Moisés dentro, desde la casa de sus padres hasta el palacio de la hija del faraón, pudo ser corto. Pero no se compara con el gran legado que su misión alcanzó. Cuando naces, los padres tienen muchos deseos: los míos creyeron que mi propósito era ser beisbolista de las Grandes Ligas; pero Dios tenía otros planes conmigo y, cuando acepté entrar en su proyecto, me dio la oportunidad de predicar el Evangelio. Pedro afirma:

> siendo renacidos, no de simiente corruptible, sino de incorruptible, por la palabra de Dios que vive y permanece para siempre. Porque:
>
> Toda carne es como hierba,
>
> Y toda la gloria del hombre como flor de la hierba.
>
> La hierba se seca, y la flor se cae;
>
> Mas la palabra del Señor permanece para siempre.
>
> 1 Pedro 1:23-25

Los motivadores dicen que hay que estar contentos con la vida que tienes, pero ¿y los que no están satisfechos con ella? ¿Los que esperan algo más? Aquellos que se desafían a creer que tienen un propósito y futuro mayor:

> Por la fe Moisés, cuando llegó a ser grande, rehusó ser llamado hijo de la hija del Faraón. Prefirió, más bien, recibir maltrato junto con el pueblo de Dios que gozar por un tiempo de los placeres del pecado. Él consideró el oprobio por Cristo como riquezas superiores a los tesoros de los egipcios.
>
> Hebreos 11:24-26

Moisés estuvo sediento de eternidad: rechazó ostentar el cargo más importante y aceptar la tarea más sencilla. Cambió la posición de ser faraón dios, por la de un simple pastor de ovejas.

El poeta mexicano Amado Nervo afirmó: «El alma es un vaso que solo se llena con eternidad». Cambiar tus objetivos por algo trascendental es tener ansías de algo superior que solo Dios puede suplir.

Lo que haces ahora, aunque a veces no le veas sentido, repercutirá en tu eternidad. No solo has nacido para lo inagotable, sino que tienes que decidirte por una vida sin límites. Enfócate en la esperanza, aprópiate de lo que Dios ha prometido, fija tus ojos en lo extraordinario que hay preparado para ti: «No mirando nosotros las cosas que se ven, sino las que no se ven; pues las cosas que se ven son temporales, pero las que no se ven son eternas» (2 Corintios 4:18). No necesitas buscar la experiencia del infinito en las drogas, en el sexo desenfrenado, la pornografía u otras cosas que solo dejarán desilusión, vacío y muerte porque no te pueden ofrecer nada más.

Todos los días, la mujer samaritana tenía la costumbre de descender al pozo para recoger agua. Una vez lleno, regresaba a su casa con el cántaro lleno, pero con el corazón destrozado. Así repetía este ciclo de suplir el agua temporal y no encontrar la plenitud para su vida. Pero, cuando escuchó el ofrecimiento de Jesús, decidió saciar su sed no con el agua del pozo sino con el agua de vida, porque le dijo: «Cualquiera que bebiere de esta agua, volverá a tener sed» (Juan 4:13). Ese día fue diferente para ella: se olvidó del recipiente y puso su corazón en la eternidad; se acercó a quien le planteó un propósito superior.

Mira hacia lo alto, no hacia abajo; vive como si tuvieras la eternidad ante tus ojos, aun sin verla. Tienes ya una herencia que te pertenece, solo requieres tomar la mano de Dios para obtenerla. Fue lo que hizo Moisés quien, sin saber lo que tendría, acogió la misión como suya: «Por la fe dejó a Egipto, no temiendo la ira del rey; porque se sostuvo como viendo al Invisible» (Hebreos 11:27).

Si pones los «ojos en Jesús, el autor y consumador de la fe» (Hebreos 12:2), traspasarás la línea del tiempo presente, te proyectarás a la vida eterna sin temer los obstáculos. Cuando te agobien los sinsabores de este mundo, procura elevarte a la realidad de Dios. La meta suprema es el cielo, la eternidad es el galardón, la inspiración es Jesús. Si apuestas por lo que no ves ahora, tendrás una recompensa que nunca se agotará, porque: «el mundo pasa, y sus deseos; pero el que hace la voluntad de Dios permanece para siempre» (1 Juan 2:17).

En tu ser hay algo inherente que da la noción de eternidad y que, de alguna manera, te une a Jesús quien: «todo lo hizo hermoso en su tiempo; y ha puesto eternidad en el corazón de ellos, sin que alcance el hombre a entender la obra que ha hecho Dios desde el principio hasta el fin» (Eclesiastés 3:11). Aunque Moisés murió sin pisar la tierra prometida, lo que hizo en vida tuvo un eco para la eternidad. Esto le dio la oportunidad de participar más activamente en el plan de salvación cuando, en la escena de la transfiguración, fue comisionado para animar a Jesús: «Y he aquí dos varones que hablaban con él, los cuales eran Moisés y Elías; quienes aparecieron rodeados de gloria, y hablaban de su partida, que iba Jesús a cumplir en Jerusalén» (Lucas 9:30-31). Pero ¿qué hablaron? ¿Por qué Moisés?

En el momento más difícil para Jesús, en su trayectoria hacia la cruz, el Padre envió a dos humanos para fortalecerlo. El auxilio venía para infundirle aliento en medio de su crisis. Moisés conocía el rechazo y lo que significaba lidiar con un pueblo de corazón duro y rebelde. Dios no escogió a sus ángeles sino al que vivió las penurias y puso su vida al servicio de los demás en tiempos angustiosos: «Entonces volvió Moisés a Jehová, y dijo: Te ruego, pues este pueblo ha cometido un gran pecado, porque se hicieron dioses de oro, que perdones ahora su pecado, y si no, ráeme ahora de tu libro que has escrito» (Éxodo 32:31-32).

Nunca imaginó Moisés que su paciencia, entrega, amor y sufrimiento por el pueblo no iban a caer en el olvido. Fue comisionado para ser protagonista y apoyo del redentor del mundo. Se le concedió la dicha de pisar la tierra prometida por la que tanto luchó para acompañar al Salvador, no por la liberación de un pueblo sino de la humanidad. Se presentó ante la verdadera peña de Horeb, de la cual brotarían aguas de salvación y vida eterna. No tenía que golpearlo, solo animarlo y consolarlo: «Y todos bebieron la misma bebida espiritual; porque bebían de la roca espiritual que los seguía, y la roca era Cristo» (1 Corintios 10:4).

Mira la historia de vida de Moisés quien aceptó que había nacido para la eternidad. Toda experiencia de vida repercute para el futuro. Ese niño que fue salvado de las aguas no nació para ser faraón: Dios lo apartó para propósitos más grandes porque, en el futuro, todos los redimidos cantarán el cántico de Moisés y del Cordero, un himno que será testimonio de lo que puede llegar a ser la experiencia de un joven que decide vivir para lo eterno: «Y cantan el cántico de Moisés siervo de Dios, y el cántico del Cordero, diciendo: Grandes y maravillosas son tus obras, Señor Dios Todopoderoso; justos y verdaderos son tus caminos, Rey de los santos» (Apocalipsis 15:3). ¡Tienes de tu lado a un Dios extraordinario para darte una vida extraordinaria ahora y en un mundo mejor!

Seguro que habrás pasado muchas situaciones difíciles, pero al recordar como Dios te ha guiado en medio del camino, tendrás la seguridad de que vas hacia la eternidad. Lee esta promesa maravillosa:

No perdáis, pues, vuestra confianza, que tiene grande galardón; porque os es necesaria la paciencia, para que habiendo hecho la voluntad de Dios obtengáis la promesa. Porque aún un poquito, y el que ha de venir vendrá, y no tardará. Mas el justo vivirá por fe.

Hebreos 10:35-38

La esperanza de la segunda venida es el mayor motivador para prepararte y perseverar hasta el final. Falta «un poquito» para la eternidad: no desmayes, mantén tus ojos enfocados en ese objetivo y no te distraigas. Desafía la temporalidad, el cielo es el límite de tu proyecto de vida.

Desafío 2: De acuerdo a tu experiencia de vida, ¿qué significado le das a la eternidad? Haz una lista de lo que consideras necesario para alcanzarla y, al lado, escribe la bendición que aportaría para tu vida hoy.

Los entendidos resplandecerán como el resplandor del firmamento; y los que enseñan la justicia a la multitud, como las estrellas a perpetua eternidad.

Daniel 12:3

---

1   Cultura Ocio (5 de mayo del 2020). «Gladiator: Las 6 escenas más épicas de la película de Ridley Scott y Russell Crowe». Recuperado el 12 de enero del 2023. https://www.culturaocio.com/cine/noticia-gladiator-escenas-mas-epicas-pelicula-ridley-scott-russell-crowe-20200505141128.html.

3

Desafiados a cruzar el desierto

Cada generación, dentro de una relativa opacidad, tiene que descubrir su misión cumplirla o traicionarla.
Frantz Fanon

Fue en 1986 cuando se vio por última vez el cometa Halley, el más famoso de los que orbitan alrededor del sol, descubierto en 1705 por el astrónomo inglés Edmond Halley. Cada setenta y seis años, termina su órbita y puede ser observado por astrónomos y científicos. Durante siglos, ha sido visto como portador de malos augurios y catástrofes para la humanidad. En Venezuela, a los jóvenes que lo vimos se nos denominó «Generación Halley»: somos testigos, desde esa fecha, de los desafíos drásticos y profundos a los que han sido sometidas las generaciones venideras, donde hay más temor ante la convivencia con un mundo inestable, con cambios culturales, que le da poca importancia a los valores, más allá de los augurios del famoso astro.

Los jóvenes experimentan grandes desafíos ante los cambios del mundo. ¿Por qué cambian o se acomodan tan rápido aspectos de su identidad? ¿Qué influye sobre la pérdida del legado de la transmisión de valores? Esta generación tiene muchas preguntas e inquietudes sobre aspectos del tiempo actual: sociales, económicas, migración, guerras, política, religión. La realidad que experimentan posee una infinidad de vías de comunicación y de conexiones por medio de las redes sociales, pero esto no garantiza que haya buena conexión con los escenarios reales de la vida, ni en las relaciones personales que generan vínculos verdaderos, ni con Dios en el aspecto espiritual. Además, se deben enfrentar a los nuevos paradigmas dentro de la trasmisión de valores de padres a hijos, marcados por una cultura que ofrece muchos beneficios temporales a costa del ser mismo, lo que termina por causar una desconexión personal y de las cosas eternas.

Para ilustrar los desafiantes cambios juveniles y cómo influyen en su visión sobre la espiritualidad, veamos la historia de la joven Katheryn Elizabeth Hudson (Katy Perry), quien nació en un hogar de pastores evangélicos. A los dieciséis años, grabó un disco en el rubro de música cristiana, pero se hizo conocida en el 2008 por la controversial canción titulada «Yo he besado a una chica». La cantante cuestionó la educación religiosa recibida: «Fui educada con ciertas ideas de lo que dice la Biblia, pero ahora como adulta estoy en un mundo diferente, que ni siquiera sabía que existía».[1] Hay incontables historias parecidas de jóvenes que, al igual que Katy, están en una continua búsqueda de respuestas propias sin que amerite imponerlas a otros: solo quieren experimentar algo real, pues a su alrededor todo parece valer lo mismo.

Educados en el desierto

Una historia parecida ocurrió con un grupo de personas hebreas que salieron de la esclavitud de Egipto y perecieron en los cuarenta años de peregrinación en el desierto, ya que fueron liberados para un propósito: ser reeducados y volver a adorar al Dios de sus padres. Ocurrió lo contrario: aunque vieron señales asombrosas, se desconectaron del Dios que los guiaba y esto los mantuvo dando vueltas por las áridas zonas; hasta que no murieron todos, no entraron a la tierra prometida (Números 32:13). Las interferencias entre los humanos y Dios son parte de la historia. Como muestra, está lo ocurrido en el tiempo de los jueces (Antiguo Testamento) donde se originó un distanciamiento del pueblo de Israel, lo que tuvo graves consecuencias.

Esta escena se repite hoy: jóvenes distanciados por las presiones de la vida, por los problemas existenciales, por la búsqueda de algo más; por no saber quiénes son, por no sentirse seguros, por creencias distorsionadas. Caminan dando vueltas por el desierto de la incertidumbre, del vacío y la inercia del «todo da igual»; así van muriendo en la tierra inhóspita de sus experiencias donde no encuentran cómo conectarse con ese Dios trascendental. La historia no está concluida: aunque los protagonistas del éxodo cometieron muchos errores, aun así cumplieron el papel de transmitir a sus descendientes el conocimiento de Dios. Así mismo sucede en este tiempo: se están escribiendo historias personales porque hay un interés supremo en que cada joven encuentre su sentido de vida.

Los niños de aquellos padres salidos de Egipto, como los hijos de Josué y Caleb, se formaron con las grandes historias de Dios. Escucharon de la voz de los protagonistas los relatos sobre los actos extraordinarios y surrealistas como las plagas, el cruce del Mar Rojo, la lluvia de maná y de todas las provisiones recibidas. El desierto fue el lugar para que ellos aprendieran a depender de Dios: con Él y su Palabra como mentores, tenían la garantía de una identidad y cosmovisión sólidas, lo que permitió valorar las cosas espirituales, conocer más al Dios poderoso y descubrir un propósito que iba más allá de Canaán. Así es cómo se da sentido a la vida cuando emprendes proyectos con Dios como referente.

Estos jóvenes tuvieron un resultado positivo porque aprovecharon la formación recibida y la facilitación de un ambiente armonioso que determinaron la conformación de una cosmovisión teocéntrica, lo que produjo en ellos principios guías que perduran hasta la juventud actual. Los que nacieron en el desierto fueron fieles y consagrados a Dios, creyeron en sus promesas y le sirvieron con todo su ser, así lo describe Jueces 2:7: «Y el pueblo había servido a Jehová todo el tiempo de Josué, y todo el tiempo de los ancianos que sobrevivieron a Josué». Dios manifestó su gloria constantemente para guiarlos en el trayecto a Canaán.

¿Qué necesitas para tener una relación profunda con Dios? Fortalecer tu conocimiento de Él para desarrollar vínculos de conexión profundos. Por medio de una experiencia personal, puedes apropiarte del propósito de Dios para ti y ver un horizonte donde vislumbrarás la tierra prometida. Esto inicia con una adoración centrada en el Creador de forma consciente y afectiva, así puedes unir tu voz a los que conquistaron a Canaán:

> Nunca tal acontezca, que dejemos a Jehová para servir a otros dioses; porque Jehová nuestro Dios es el que nos sacó a nosotros y a nuestros padres de la tierra de Egipto, de la casa de servidumbre; el que ha hecho estas grandes señales.
>
> Josué 24:16-17

Ellos avanzaron a la conquista porque creyeron en el destino que Dios les planteó, no temieron a los peligros ni a los guerreros, confiaron en las promesas del Invisible: «Nosotros haremos todas las cosas que nos has mandado» (Josué 1:16).

Fue antes de entrar a Canaán donde decidieron obedecer los mandatos divinos y tenerlos como el fundamento de sus convicciones, donde se comprometieron a vivir bajo sus principios como indicadores de la dirección a tomar en la vida. Esta fue su declaración:

> Y el pueblo respondió a Josué: A Jehová nuestro Dios serviremos, y a su voz obedeceremos. Entonces Josué hizo pacto con el pueblo el mismo día, y les dio estatutos y leyes en Siquem.
>
> Josué 24:24-25

Los principios marcan la ruta de una generación del desierto victoriosa. Por medio de ellos aprendieron de los errores pasados, se dejaron guiar por sus padres como garantía del legado, desarrollaron una relación con Dios en medio de las carencias que los llevó a confiar plenamente y a agradecer sus bendiciones. Se apartaron de la idolatría e hicieron de los valores eternos la norma de conducta.

¿Qué cambió en la historia? No se continuó la transmisión adecuada de esos principios que caracterizaron a ese grupo y, a pesar de estas experiencias positivas, llegó el momento crítico. El libro de los Jueces describe de manera detallada el lamentable acontecimiento: «Y se levantó después de ellos otra generación que no conocía a Jehová, ni la obra que él había hecho por Israel» (Jueces 2:10). ¿Qué causas originaron esta situación? ¿Cuál fue su impacto para el pueblo? La falta de enfoque en lo espiritual y la poca comunicación constante causaron la desconexión que originó la falta de interés en los asuntos eternos. Este desenfoque afectó negativamente, con consecuencias que se proyectan hasta el presente, como se ve en la distancia marcada entre padres e hijos y, por consiguiente, en el alejamiento de Dios. Como profesor universitario he observado las consecuencias en la juventud cuando no se fomentan valores en la familia: esto contribuye a la desconexión, la rebeldía, el alejamiento, la distorsión de la identidad, las crisis existenciales y la secularización en sus estilos de vida. La juventud está expuesta a muchos distractores y filosofías que interfieren con su crecimiento espiritual. Aunque haya nacidos en hogares cristianos con una formación religiosa, pueden no tener una experiencia con Dios de manera personal.

Seguro que conoces al Dios de tus padres, escuchas diversas historias y participas de actividades religiosas, pero tienes dificultad en el conocimiento divino. Tal vez tienes claridad en algunas cosas y en otras no; puede que alguna vez te sientas frágil espiritualmente. Dios desea ser tu punto de referencia para guiar tu camino en la vida. La batalla no está perdida, pues tienes la oportunidad de educarte en el desierto, allí donde encuentras al Dios sin rostro y experimentas su poder para conocerlo de verdad. En tu vida hay muchas batallas que luchar y muros por derrumbar, así como el pueblo requería derribar las murallas de Jericó y solo con el poder de Dios lo pudieron hacer. Su poder está a tu disposición para que puedas caminar hasta tu destino eterno.

Fallas en el pase del testigo

Fallar en la transmisión de valores afecta la identidad personal e influye en la interacción con Dios, con nuestro propio ser y como seres sociales. Este fallo funciona como un búmeran social que genera patrones mentales, emocionales, conductuales y sociales que alteran el legado de las generaciones futuras. Como ocurrió con el Festival de Woodstock (1969), el cual se convirtió en el ícono de una generación estadounidense hastiada de las guerras y que postuló la paz y el amor como forma de vida.

Esto desencadenó una ola de antagonismo a los sistemas morales establecidos, se olvidaron de ideales más profundos que fueron proclamados en el lema nacional: «*In God we trust*». El resultado facilitó el inicio de una pérdida paulatina de los principios frente a la adquisición de prácticas alternativas y el rechazo a la moral bíblica como nunca antes.

Entre los contemporáneos de Josué que conquistaron Canaán y que se establecieron en la tierra prometida, después de la conquista, se originó una ruptura producida por razones sociales, espirituales, políticas, morales y relacionales. Cuando se habla de transmitir valores y principios, se utiliza la analogía de la carrera de relevos en las olimpiadas: esta prueba es para equipos de cuatro participantes que deben recorrer una distancia determinada para luego pasar al siguiente corredor un tubo rígido llamado «testigo» hasta completar el recorrido de la carrera. La clave del éxito o fracaso en esta carrera está en el hecho de pasar el testigo de manera sincronizada y sin perder la velocidad. Cualquier error, por más mínimo que sea, puede resultar en la derrota.

Esto se vio en el fracaso del equipo norteamericano de atletismo, en la modalidad de relevo 4 x 100 masculino en Seúl 1988, quienes contaban con solo tres derrotas desde 1912. Para esta competición, contaban con el atleta olímpico Carl Lewis. En una de las eliminatorias ocurrió lo inimaginable: fallaron en pasar el testigo de manera correcta y fueron descalificados. Así mismo se produjo un error histórico en la transmisión del testigo espiritual entre Josué y Caleb, protagonistas de la conquista, y sus hijos que se establecieron en Canaán, quienes se distanciaron de las enseñanzas divinas y las formas de vida armoniosas con sus mandatos.

En la actualidad también se han producido rupturas en las creencias y los valores, entre creyentes del pasado y el presente, que han originado cambios profundos en la cosmovisión. Cada vez aumenta más el número de jóvenes que se distancia de su fe en Dios a temprana edad, así como hay una disminución de la responsabilidad parental en contribuir al desarrollo de convicciones espirituales que provean firmeza para enfrentar a la sociedad. Innumerables distractores influyen sobre sus facultades mentales y el discernimiento, por lo que los hijos se ven vulnerables y confundidos en la vida espiritual. Si no se pasa el testigo de manera segura, tendrán dificultades para ser como los que llegaron a Canaán y continuar con fuerzas el camino hasta la meta, diciendo: «Prosigo a la meta, hacia el premio del supremo llamamiento de Dios en Cristo Jesús» (Filipenses 3:14). ¿Cómo has recibido el testigo? ¿Estás dispuesto a pasarlo también?

Debemos propiciar escenarios de acercamientos entre las posturas generacionales del pasado y del presente-futuro para así descubrir los aspectos que nos unen y hacer una reflexión sobre el legado a trasmitir, su importancia y cuáles serán las herramientas más necesarias para pasarlo y que sea parte de las experiencias de los que conozcan a Dios. Un aspecto a mejorar es el déficit comunicacional para transmitir el conocimiento divino porque es un factor que puede llevar al desinterés espiritual. Cuando no hay un discernimiento espiritual sólido, las otras alternativas morales y espirituales se infiltran en las creencias personales hasta convertirlas en verdad de vida, llevando a las personas por caminos muy diferentes de los planteados. Así lo describe esta cita: «Mientras no se extinguió la generación que había recibido instrucción de Josué, la idolatría hizo poco progreso; pero los padres habían preparado el terreno para la apostasía de sus hijos».[2]

Entonces, tanto padres como hijos tienen que experimentar realmente sus valores y creencias espirituales. Es importante vivirlos y poder transmitirlos para continuar el proceso de pasar el testigo de un legado de luz y de vida. Si esto es así y no se está dando, si ambas partes no ven la importancia y no asumen con compromiso el desafío, ¿qué pasará? Zabala expresa esta inquietud:

> A menos que el testigo de la verdad este pasando ahora mismo de una mano a otra, de un corazón a otro, se levantará otra generación que no conocerá a Jehová. La religión cristiana siempre está a solo una generación de distancia de la extinción.[3]

Es decir, se plantea una vida espiritual marcada por una experiencia personal y no como la extensión de las formas religiosas de los padres, porque esto no dará continuidad al legado. En algún momento tendrás que afrontar el desafío de tomar el testigo de la verdad, ¿estás preparado para ello? ¿Cuáles serán los principios que te sustentarán y guiarán?

Desafío 3: ¿Cuál es tu cosmovisión de vida? ¿Qué papel juega Dios en ella? Define tres principios que te sirvan como guiadores. ¿Cuáles son las creencias que te sostienen de manera personal? ¿Qué define tus relaciones interpersonales? Haz un análisis con estas preguntas y trata de redactar tu declaración de vida.

No te olvides de las cosas que tus ojos han visto, ni se aparten de tu corazón todos los días de tu vida; antes bien, las enseñarás a tus hijos, y a los hijos de tus hijos.

Deuteronomio 4:9

1   History Maker (s. f.). «La infancia perdida de Katy Perry». Recuperado el 17 de enero del 2023. https://www.historymaker.com.ar/infancia-perdida-katy-perry.html.

2   G. White, E. (1954). *Historia de los patriarcas y profetas*. Pacific Press Publishing, p. 588.

3   Zabala, F. (2000). *No callarás*. Asociación Publicadora Interamericana, p. 32.

4

Desafiados para la conquista

La conquista propia es la más grande de las victorias.
Platón

Mi madre murió en un accidente automovilístico cuando yo tenía 10 años de edad, evento que cambió aspectos en mi vivir. Mi vida sufrió fracturas emocionales, espirituales, familiares, sociales y conductuales. Separado de mis hermanos, fui llevado a vivir con mi abuela paterna, mientras que ellos fueron con otros familiares. Nunca más volvimos a vivir como familia en el mismo hogar. Esto fue una experiencia que parecía dejarme sin posibilidades, pero que aproveché para esforzarme y conquistar los desafíos que me esperaban en lo que parecía un futuro incierto.

Cada persona puede llegar más allá de los obstáculos que la vida le impone. Si se inspira y se nutre de los conocimientos y las experiencias adquiridas, puede seguir adelante con un legado mayor a cuando inició su camino. Son muchos los personajes que han dejado aportes extraordinarios, con una marcada influencia en sus seguidores que a veces parece insustituible. Es difícil reemplazar a alguien que ha marcado sobremanera con la huella que ha dejado. Vemos los casos de celebridades como Steve Jobs, Michael Jordan, Billy Graham y otros que han sido valorados como los mejores en sus áreas.

En la Biblia también encontramos grandes personajes como Moisés, quien fue el precursor de la liberación del pueblo de

Israel de la esclavitud de Egipto. Cuando este murió, el pueblo no sabía quién lo podría sustituir pues era difícil llenar su perfil; cuando Dios presenta un plan, ya tiene preparado, con antelación, lo necesario para que se cumpla. Por eso, al lado de Moisés, estuvo preparando a un joven llamado Josué para continuar el legado del gran legislador: la misión de conquistar Canaán era un escenario desafiante porque había que llegar a los límites del Jordán y vislumbrar la tierra prometida. Cada joven puede estar listo para tomar el liderazgo y la misión que Dios le dé.

Esfuerzo, esfuerzo y más esfuerzo

Josué fue el elegido para guiar al pueblo de Israel en la conquista de la tierra prometida, parte de su misión fue organizar la repartición de Canaán entre las doce tribus. Su nombre original era Oseas que quiere decir «salvación», y Moisés lo llamó Josué, cuyo significado es «Jehová es la salvación» (Números 13:16); para esto fue comisionado como el segundo hombre más importante en el liderazgo (Éxodo 33:11). Después tomó el mando de las tropas israelitas que lucharon contra los amalecitas en Refidim (Éxodo 17). Antes de pasar el Jordán, Dios le describió su tarea, haciendo énfasis en el esfuerzo, el cual era importante para la victoria y el establecimiento definitivo de la nación.

Había llegado el momento de cumplir el desafío de conquistar la tierra prometida (Números 13), de la cual él y Caleb habían informado al pueblo de que era tierra buena y que Dios la daría en sus manos. Ahora, como líder, necesitaba esforzarse para una tarea que implicaba acción. Así se le da la **primera indicación**: «Esfuérzate y sé valiente; porque tú repartirás a este pueblo por heredad la tierra de la cual juré a sus padres que la daría a ellos» (Josué 1:6). La orden de que él mismo daría la tierra a cada tribu se cumpliría con su accionar para dirigir al pueblo a la conquista. Tanto él como el pueblo necesitaban mostrar esfuerzo y valentía para la tarea; la pasividad les dificultaría alcanzar el objetivo y los desviaría de su responsabilidad. No hay logros sin trabajar de por medio: la actividad y el ocuparse en construir para la vida es desarrollar un protagonismo activo.

Las personas tienden a evitar o reducir al mínimo las pérdidas, lo que hace daño, lo que cuesta o implica riesgos; y desean aumentar las ganancias y beneficios de todo aquello que brinda placer, seguridad y felicidad. Fue lo que hizo el joven rico cuando buscó que Jesús le diera la clave para obtener la vida eterna, sin estar dispuesto a pagar el precio. El rey David sabía de dedicación y compromiso, y por eso aconsejó a su hijo Salomón:

> Anímate y esfuérzate, y manos a la obra; no temas, ni desmayes, porque Jehová Dios, mi Dios, estará contigo; él no te dejará ni te desamparará, hasta que acabes toda la obra para el servicio de la casa de Jehová.
>
> 1 Crónicas 28:20

Te das cuenta que es la misma fórmula para el éxito: el factor esfuerzo. Si quieres conquistar lo mejor que Dios tiene para ti, atrévete a salir del desierto rumbo a Canaán y afronta el desafío con objetivos y metas claras, con valor y fe.

La **segunda indicación** para una conquista efectiva tenía relación con las creencias:

> Solamente esfuérzate y sé muy valiente, para cuidar de hacer conforme a toda la ley que mi siervo Moisés te mandó; no te apartes de ella ni a diestra ni a siniestra, para que seas prosperado en todas las cosas que emprendas.
>
> Josué 1:7

Josué debía fundamentar su misión en convicciones firmes que le dieran seguridad en lo que se proponía: el esfuerzo estaba orientado en mantenerse en armonía con los principios para prosperar en la posesión de la tierra. Esto solo se puede hacer cuando se tienen ideales guías que nos sostengan en medio de los escenarios más demandantes.

Ninguna misión o proyecto tendrá éxito si no está establecido en algo sostenible a largo plazo. Las emociones y capacidades son muy poco confiables a la hora de enfrentar los desafíos porque son cambiantes y no toda victoria depende de ellas. La tendencia religiosa actual no valora la doctrina como relevante, pero sí la fe práctica expresada en lo emotivo y las actitudes. El pragmatismo consiste en reducir lo verdadero a lo útil, negando el conocimiento teórico en diversos grados. Para los más radicales, solo es verdadero aquello que conduce al éxito individual; mientras que, para otros, está aceptado cuando es verificado con hechos. Así, la verdad radica en la utilidad y en el éxito, por lo tanto, todo conocimiento es práctico si es útil para algo y si se puede realizar. Esta filosofía posmoderna lleva a los jóvenes a desestimar los absolutos de Dios y la utilidad de su Palabra.

Los autores del libro *Convicciones más que creencias*, Josh McDowell y Bob Hostetler, expresan la preocupación por la falta de convencimiento entre los jóvenes cristianos:

> Aunque los jóvenes están dispuestos a creer que el cristianismo ofrece una «verdad», no están convencidos de que es la «Verdad», la única esperanza de salvación y de relación con el Dios del universo. Además, no están procurando comprender la verdad objetiva de la Palabra de Dios y de llevar a la práctica esa verdad en su vida.[1]

Esto muestra la distorsión por la cual llegan a tener una fe inestable y abierta a creer lo que sus emociones determinan. Los autores siguen argumentando: «Nuestros hijos están usando las Escrituras como un trampolín para los pensamientos al intentar crear su propio "significado" personal, uno que puede tener poco o nada que ver con el significado objetivo del texto bíblico».[2]

Josué necesitó este tipo de convicciones para sostenerse en un territorio hostil, las cuales fueron un muro de contención para mantener su mente libre del error. El apóstol Pablo aconseja: «Velad, estad firmes en la fe; portaos varonilmente, y esforzaos» (1 Corintios 16:13). Si no aplicas este tipo de seguridad moral, los muros no caerán, la tierra no será conquistada, el pecado no se podrá abandonar y la victoria se esfumará. Si desarrollas estas creencias, disminuirás la vulnerabilidad y el desánimo ante las circunstancias de la vida.

Cuando los astronautas del Apolo XI llegaron a la órbita lunar, fue la ocasión para mantener su fe en el Dios Creador: juntos, leyeron los primeros once versículos del Génesis. Después, Buzz Aldrin extrajo una caja con vino y pan, leyendo en oración Juan 15:5. Su compañero, Michael Collins, escribió en la nave la frase: «La mejor nave creada. Que Dios la bendiga». Al regresar a la tierra, Aldrin citó el salmo 8: «Cuando veo tus cielos, obra de tus dedos, la luna y las estrellas que tú formaste, digo: ¿Qué es el hombre, para que tengas de él memoria?». Para enero del 1971, dos miembros del Apolo 14, Shepard y Mitchell, dejaron un paquete en la superficie lunar, el cual tenía la Biblia en microfilm y el primer versículo del Génesis en dieciséis idiomas. Todo esto fue lo que impulsó la mayor conquista del hombre: se sustentó en convicciones inmutables de un Dios poderoso.[3]

La **tercera indicación** en el cumplimiento de la misión de Josué se registra así: «Mira que te mando que te esfuerces y seas valiente; no temas ni desmayes, porque Jehová tu Dios estará contigo en dondequiera que vayas» (Josué 1:9). El sucesor de Moisés necesitaba unir su esfuerzo a la mano de Dios y depender completamente de Él. La promesa de la compañía divina y su ayuda eran necesarias para la victoria. Dios reconoce a Josué con sus debilidades humanas, lo ve en sus momentos de desfallecimiento y temor; pero no lo recrimina, solo le dice qué hacer. Como jóvenes, necesitan saber que el Señor les comprende en sus crisis existenciales y situacionales. Ustedes también tienen una vida de conexiones que les proveen seguridad y aceptación: aunque se levante el individualismo, mantengan esos lazos afectivos, no se desvinculen. Aunque estén ante el peor escenario tienen compañía para no enfrentar solos sus desafíos y problemas.

Los *centennials* son la juventud del «hazlo tú mismo» y del emprendimiento. Estudios de expertos muestran que un 61 % quieren ser emprendedores y no empleados de una compañía. Desean hacer las cosas y llevar la vida por sí mismos. El filósofo y sociólogo francés, Gilles Lipovetsky, describe a la sociedad posmoderna como «la llegada de una era individualista, que ha creado una cultura que privilegia el consumo y el placer, más no las luchas colectivas».[4] Los jóvenes cristianos necesitan vínculos con Dios y con los demás, una relación real con un ser autentico que ha prometido estar contigo todos los días hasta el fin del mundo (Mateo 28:20). Dios ha ofrecido fortalecerte, animarte, sostenerte, protegerte, guiarte y auxiliarte en tu diario vivir.

Josué tuvo la seguridad de su presencia como el aliciente para emprender la conquista con seguridad y confianza. Tenía un Dios personal y poderoso de su lado que le brindó una relación íntima y activa. Peleó sus batallas y le fortaleció cuando sintió desánimo, debilidad y miedo:

> Esforzaos y animaos; no temáis, ni tengáis miedo del rey de Asiria, ni de toda la multitud que con él viene; porque más hay con nosotros que con él. Con él está el brazo de carne, mas con nosotros está Jehová nuestro Dios para ayudarnos y pelear nuestras batallas.
>
> 2 Crónicas 32:7-8

Llegó el momento de la conquista de la tierra prometida, donde se establecieron los fundamentos de la Palabra de Dios y se repartió la heredad. Su logro se debió a que fue un varón esforzado y valiente que cumplió con las indicaciones divinas.

Dios también tiene para ti todo lo que le dio a Josué: puedes lograr los sueños divinos y los tuyos si unes tu mano a la suya. La clave del éxito es el esfuerzo y sus aliados son la fe, la esperanza y el amor. También hay un lugar para ti en la lista de los que logran proezas y pertenecen a la galería de hombres y mujeres «que por fe conquistaron reinos, hicieron justicia, alcanzaron promesas, taparon bocas de leones, apagaron fuegos impetuosos, evitaron filo de espada, sacaron fuerzas de debilidad, se hicieron fuertes en batallas, pusieron en fuga ejércitos extranjeros» (Hebreos 11:33-34). ¡Tú eres parte de esta historia!

Hoy estás frente al mismo escenario de Josué: la tierra prometida está delante de ti y te desafía. El río Jordán es el límite y puedes cruzarlo con la compañía y ayuda del Dios todopoderoso. Canaán es tuya. Créelo y avanza a la conquista de nuevos horizontes en tu vida, los muros que se interponen caerán y habitarás en la eternidad. Para pisar el suelo de la victoria, recuerda tener:

- **acción** para tomar lo que es tuyo,
- **convicción** para que nada te derribe
- y **dependencia** para no luchar en solitario.

Las últimas palabras de Josué reflejan el nivel de esfuerzo y confianza en su historia:

> Y dijo Josué a todo el pueblo: He aquí esta piedra nos servirá de testigo, porque ella ha oído todas las palabras que Jehová nos ha hablado; será, pues, testigo contra vosotros, para que no mintáis contra vuestro Dios. Y envió Josué al pueblo, cada uno a su posesión.
>
> Josué 24:27-28

Desafío 4: Identifica algo que consideres un fracaso, redefine esa experiencia y replantea estrategias para enfrentarla. Esfuérzate hasta lograr alcanzar las metas propuestas.

> *Mi siervo Moisés ha muerto; ahora, pues, levántate y pasa este Jordán, tú y todo este pueblo, a la tierra que yo les doy a los hijos de Israel. Yo os he entregado, como lo había dicho a Moisés, todo lugar que pisare la planta de vuestro pie. Desde el desierto y el Líbano hasta el gran río Éufrates, toda la tierra de los heteos hasta el gran mar donde se pone el sol, será vuestro territorio. Nadie te podrá hacer frente en todos los días de tu vida; como estuve con Moisés, estaré contigo; no te dejaré, ni te desampararé.*
>
> Josué 1:2-5

1   McDowell, J. y Hostetler, B. (2004). *Convicciones más que creencias*. Editorial Mundo Hispano, p. 25.

2   Ídem, p. 26.

3   Navajas, A. (22 de julio del 2009). «Y la Biblia llegó a la Luna». *La Razón*. Recuperado el 19 de enero del 2023. https://www.larazon.es/historico/y-la-biblia-llego-a-la-luna-QLLA_RAZON_169381/.

4   El Heraldo (19 de agosto del 2015). «"Somos la era individualista, que privilegia el consumo": Lipovetsky». Recuperado el 19 de enero del 2023. https://www.elheraldo.co/tendencias/somos-la-era-individualista-que-privilegia-el-consumo-lipovetsky-212448.

5

Desafiados a tomar el testigo

Se acomodan a la libertad en cuanto
se acomodan a la verdad.
Agustín de Hipona

Me considero privilegiado al pertenecer a una familia que ha cultivado valores como el respeto, el matrimonio, la honestidad, la consideración a los padres, el trabajo y el esfuerzo, entre otros. En mi adolescencia, decidí seguir mi propio camino sin saber a dónde iba y desestimando el legado de mis padres. Mis decisiones se basaron en una vida sin rumbo fijo y en buscar la felicidad lejos de lo aprendido. En medio de ese vivir, me hice fanático del *heavy metal,* género musical que influyó en mi rebeldía y comportamiento desafiante. Un día pude descubrir a un salvador y a un Dios cercano en Jesucristo; mi vida dio un giro hacia todo lo que construye y perdura. Decidí seguir con el legado familiar, plantearme una vida fundamentada en los sabios principios de Dios y continuar pasando el testigo que te guía a la victoria.

En esta cultura pluralista con tendencias predominantes en desarrollar un pensamiento humanista, que busca romper con las concepciones del pasado y determinar un estilo de vida sin restricciones, el ser humano se rige como un ser independiente que debe llevar acciones que guíen su vida por el camino que escoja, sin tomar en cuenta cuestiones morales ni la propuesta divina. Cada persona tiene patrones mentales distintos que le permiten valorar las experiencias de la vida, asociados a la individualidad, la libertad y las vivencias. Si se hace uso de estos atributos para tener un pensamiento opuesto a Dios, a su revelación y su Palabra, entonces el ser humano estará tomando decisiones individuales que lo excluirán gradualmente.

Para encontrar sentido y plenitud en la vida no solo debemos pensar diferente, sino hacerlo con claridad y tener una verdadera filosofía de vida. La frase «*Think different*» con la cual Apple renovó su registro de marca para mantener su exclusividad, al volver a utilizar lo que muchos consideran el mejor *slogan* de su historia, fue presentada después del regreso de Steve Jobs a la compañía y expresa la filosofía empresarial. Aunque se han utilizado otros *slogans* importantes, como el más reciente «*Far out*» del iPhone 14, ninguno ha llegado a ser tan significativo como este.

El «Piensa diferente» refleja de manera acertada la moral y la cultura posmodernas, cuyo mensaje central es: Haz lo que quieras, donde quieras, cuando quieras y como quieras. Esta filosofía parece transmitir un mensaje de libertad e independencia sin restricciones ni límites. Así es como se desarmoniza el pensamiento moral actual con lo establecido por Dios: como resultado, se ven marcadas diferencias en los conceptos y significados en cuanto al matrimonio, aborto, familia, religión, noviazgo, relaciones interpersonales, valores y principios. Esto evidencia una búsqueda desenfrenada de nuevas alternativas que brinden más placer, riesgo y, tal vez, llenar vacíos existenciales. Se declara una neutralidad en cuanto a los valores, la libertad de pensar y el vivir como quieran, valorar las experiencias basados en sí mismos; algo peligroso que puede confundir el libre albedrío dado por Dios con el abuso de libertad e independencia.

La generación desconectada

Esta misma filosofía afectó a la tercera generación después del Éxodo, aquella que «no conocía a Jehová, ni la obra que él había hecho por Israel» (Jueces 2:10). Ellos manifestaron sus formas de vida sin tener en cuenta el legado de sus padres: creyeron que marcar una distancia de Dios y plantearse un camino diferente significaría mayor progreso, lo que fue su gran fracaso. Lo mismo sucedió cuando Eva fue engañada con el pensamiento de que podía ser diferente, tomar sus propias decisiones y escoger su propio camino. Dios no le privó de tales beneficios, su problema estuvo en no comprender la mejor opción. De alguna manera persiste la misma idea: se puede ser más libre o estar mejor de lo que Dios ha planteado, cuando es Él quien ha dado estas posibilidades unidas a los principios para el beneficio personal. En estos escenarios, las consecuencias fueron contrarias a las esperadas: el caos y la anarquía.

En el tiempo de los Jueces se produjo una rebelión moral que llevó a la anarquía, como se lee: «En esos días, Israel no tenía rey; cada uno hacía lo que le parecía correcto según su propio criterio» (Jueces 21:25, NTV). Ante el caos, el pueblo se quedó sin rey, es decir, sin un parámetro que marcara la dirección moral, por lo cual «cada uno hacía lo que le parecía correcto según su propio criterio». Ante el rechazo de Dios como soberano, cambiaron el sistema de gobierno de la teocracia a la monarquía, colocando, como decía Protágoras, al «hombre como la medida de todas las cosas». Así falló la transmisión de valores y hubo un desconocimiento de Dios que originó una nación acéfala moralmente, por lo que los israelitas de ese tiempo histórico practicaban la moral según sus criterios de lo que era correcto o no. Los fracasos vividos por este grupo pueden evitarse en la actualidad, aunque no se tenga la madurez suficiente.

El siguiente texto expresa una consecuencia de no tener a Dios en cuenta: «Mi pueblo fue destruido, porque le faltó conocimiento. Por cuanto desechaste el conocimiento» (Oseas 4:6). La falta de conocimiento en el pueblo de Israel se debió a un rechazo y no a la falta de información. George Barna, menciona que ante «una falta de claridad y consistencia en la verdad absoluta, quedamos reducidos a hacer lo que parece bueno, lo que se siente bien, lo que produce la menor resistencia, y lo que provee la mayor satisfacción personal».[1] Sigue exponiendo Barna: «Naturalmente, nuestro rechazo inconsciente de la moralidad y ética absoluta ha producido una plétora de cambios de actitud y de conducta, incluyendo la reforma de nuestros valores».[2]

Sin dudas vemos cómo los caminos de Dios, desde el principio, benefician al ser humano. ¿Por qué alejarse de Él? ¿Por qué mantener la idea de crear algo mejor? ¿No sería diferente tu pensamiento si está en armonía con Dios?

Ciclo del olvido

En la crisis del tiempo de los Jueces, puedo ver y sacar un aspecto influyente al que llamaré el «Ciclo del Olvido» en la experiencia circular de esta generación. Es aquí donde identifico cómo olvidaron a Dios y desarrollaron pensamientos diferentes alejados de su conocimiento; al olvidarlo, se quedaron sin dirección (ni de Dios ni de un rey) y cada uno era su propia norma. Veamos en detalle:

Olvido

> *Dejaron a Jehová el Dios de sus padres,*
> *que los había sacado de la tierra de Egipto.*
> Jueces 2:12

Cuando desecharon a Dios, perdieron contacto con la verdad. Al excluirlo como el centro y razón de su existencia, quedaron sin la brújula moral o el GPS que los guiaría en medio de la confusión moral. Así tomaron decisiones que los condujeron al fracaso y la rebeldía, porque: «no guardaron el pacto de Dios, ni quisieron andar en su ley; sino que se olvidaron de sus obras» (Salmos 78:10-11). John Stott escribió:

> Hemos optado por la independencia. Peor todavía, nos hemos atrevido a proclamar nuestra auto dependencia, nuestra autonomía lo cual equivale a reclamar para nosotros la posición que solo Dios ocupa. El pecado no es simplemente un lamentable abandono de los niveles morales tradicionales. Su esencia es la hostilidad para con Dios (Romanos 8:7), que se expresa en rebelión activa contra su persona.[3]

Libertinaje

> *Se fueron tras otros dioses, los dioses de los pueblos que estaban en sus alrededores, a los cuales adoraron; y provocaron a ira a Jehová. Y dejaron a Jehová, y adoraron a Baal y a Astarot.*
>
> Jueces 2:12-13

Uno de los postulados neurales de la teoría de la evolución es que no hay intervención de un ser superior, así que no hay responsabilidad moral. La libertad es un principio de Dios y dotado al ser humano desde su creación; cuando abusas de ella, caes en el libertinaje, el cual niega los principios divinos y perjudica a tu persona. La independencia moral se relaciona también a que

> la palabra 'pecado' ha desaparecido del vocabulario de la mayoría de las personas en años recientes. Pertenece al

léxico religioso tradicional que, por lo menos en el mundo occidental cada vez más secularizado, no tiene ningún significado. Más aún, si se llega a mencionar la palabra 'pecado', lo más probable es que sea entendida mal.[4]

La carta de Judas relaciona el libertinaje con el olvido o la negación de Dios como soberano: «hombres impíos, que convierten en libertinaje la gracia de nuestro Dios, y niegan a Dios el único soberano, y a nuestro Señor Jesucristo» (Judas 1:4). Esta experiencia ocurrió en el tiempo de los Jueces cuando se alejaron de Dios y actuaron como quisieron. También vemos en la historia del hijo pródigo que quiso llevar una vida libre, independiente y lejos del Padre. Aunque llevó a cabo su plan, en vez de encontrar la libertad soñada, encontró esclavitud, miseria, soledad, hambre y tuvo que redefinir el significado de la casa paterna.

Vencidos

> *Jehová los entregó en manos de robadores*
> *que los despojaron, y los vendió en mano de sus enemigos*
> *de alrededor; y no pudieron ya hacer frente*
> *a sus enemigos.*
>
> Jueces 2:14

A veces se quiere seguir recibiendo los beneficios cuando se está lejos de la soberanía divina. El pueblo de Israel quedó a merced de sus enemigos. Asumir solo el conocimiento propio para autodirigirse puede ser un engaño donde ven que todo lo pueden lograr, que pueden dominar las circunstancias, que no necesitan de un Dios; entonces quedan desamparados en su propia sabiduría, libres de Dios y esclavos del mundo.

La condición de aquellos que insisten en una vida sin Dios no solo son vencidos en sus propias ideas, sino que se afianzan más en su condición: «Ciertamente, si habiéndose ellos escapado de las contaminaciones del mundo (...), enredándose otra vez en ellas son vencidos, su postrer estado viene a ser peor que el primero» (2 Pedro 2:20).

Invocación

> *Porque Jehová era movido a misericordia*
> *por sus gemidos a causa de los que los oprimían y afligían.*
> Jueces 2:18

La experiencia del pueblo con Dios era un ir y venir en cuanto a su fidelidad. Se alejaban de Él y, al entrar en las fuertes crisis, lo buscaban. Es un modelo de relación intermitente al que se acude a Dios cuando se agotan todas las alternativas y no se consiguen sus resultados. Es como si se quisiera vivir independientes de Dios y dependientes del mal.

En el caso de Taryn Nicole Dryrden, una exmodelo y luchadora profesional de la WWE estadounidense, podemos ver cómo Dios responde cuando se le busca. Ella publicó un video en YouTube contando su encuentro con Dios y su conversión al cristianismo. Aunque pensó que no podía ser aceptada por Él porque había hecho cosas terribles y vivido en pecado, ahora vive una experiencia espiritual satisfactoria.[5]

Dios

> *Y Jehová levantó jueces que los librasen de mano*
> *de los que les despojaban.*
> Jueces 2:16

Aunque el hombre quiera destituir a Dios, Él da libertad y ofrece su amor para que su justicia y gracia serán una realidad al final del camino. Pablo declara:

> Pero tuvimos en nosotros mismos sentencia de muerte, para que no confiásemos en nosotros mismos, sino en Dios que resucita a los muertos; el cual nos libró, y nos libra, y en quien esperamos que aún nos librará, de tan gran muerte.
>
> 2 Corintios 1:9-10

La realidad de un Dios trascendente te puede librar, romper tus cadenas, transformar tus pensamientos y dirigir tu vida hacia la plenitud de la verdadera libertad, la cual fue recuperada por el Salvador: «Así que, si el Hijo os hace libres, seréis verdaderamente libres» (Juan 8:36).

Olvido

> *Mas acontecía que al morir el juez, ellos volvían atrás, y se corrompían más que sus padres, siguiendo a dioses ajenos para servirles, e inclinándose delante de ellos; y no se apartaban de sus obras, ni de su obstinado camino.*
>
> Jueces 2:19

Una y otra vez se negaban a abandonar sus malas prácticas. No habían experimentado una verdadera transformación interior porque no tenían una base moral para perseverar en hacer el bien. Una de las características negativas del pecado es su facilidad para crecer y propagarse. Una vez que se camina por él, se va perdiendo de vista la ruta divina y la voluntad para tomar buenas decisiones se ve secuestrada.

El pueblo de Israel se inclinó ante diferentes deidades y no encontraron protección ni bendición como se las ofrecía el Dios verdadero. El abandono voluntario y la lejanía ha traído como consecuencia una cultura y un mundo sin conciencia de lo eterno, donde resuena el eco de la voz que dice: «De la Roca que te creó te olvidaste; Te has olvidado de Dios tu creador» (Deuteronomio 32:18).

Olvidarte de tu Creador puede ser el mayor error que puedes cometer: pensar diferente a lo que Él quiere para tu vida te puede conducir por caminos que, al final, no puedes controlar. Acepta el desafío de romper el ciclo del olvido y decide vivir en dependencia y pensamiento a la manera del reino de los cielos.

Desafío 5: ¿Has descubierto cuál es el legado o «testigo familiar»? ¿Puedes ver con claridad los principios y valores inculcados por tus padres o responsables? Identifica los valores positivos que te han inculcado y decide aplicarlos a tu vida. De igual manera, analiza las conductas negativas que has recibido de tu familia y decide descartarlas completamente.

Fíate de Jehová de todo tu corazón,
Y no te apoyes en tu propia prudencia.
Proverbios 3:5

---

1 Barna, G. y Hatch, M. (2005). *Punto de ebullición*. Editorial Vida, p. 87.
2 Ídem.
3 Stott, J. (1996). *La cruz de Cristo*. Ediciones Certeza, p. 102.
4 Ídem, p. 101.
5 Ruiz Peña, N. (11 de noviembre del 2015). «Taryn Terrell ex luchadora de WWE se convierte a Cristo». Recuperado el 15 de junio de 2016. http://www.noticiacristiana.com/misiones/evangelismo/2015/11/taryn-terrell-ex-luchadora-de-wwe-se-convierte-a-cristo.html.

6

Desafiados a dar en el blanco

La gente buena sabe tanto del bien como del mal:
la gente mala no lo sabe.
C. S. Lewis

A la edad de 9 años escuché a un amigo de la escuela decir cómo había venido a la vida: comentó que esto sucedió cuando su papá se «unió» a su mamá. Esto me sorprendió porque tenía una idea más ingenua; de repente, me di cuenta que había diferentes concepciones de un mismo asunto. Veo aquella época tan distinta pues éramos menos propensos para el mal y más dispuestos hacia el bien. Había menos dificultad para distinguir y escoger entre lo bueno y lo malo. Los tiempos han cambiado y ahora, desde niños, hay más exposición al mal y a lo dañino. Esto crea una distorsión en la juventud para saber lo que conviene y lo que no, ya que se mezclan ideas y experiencias donde todo puede ser normal. Los conceptos tradicionales han sido desafiados a desaparecer y cada uno a ser su propia norma de conciencia para experimentar la vida.

La moral ha sido distorsionada por una sociedad pluralista que se convierte en un desafío para cualquier joven. Hay una revolución en los conceptos morales controvertidos como el aborto, la sexualidad y la espiritualidad según los nuevos tiempos. Los límites de la valoración de lo bueno o lo malo se ven diluidos por los cambios actuales en pro de la defensa de las libertades. Es como si se le diera apertura completa a lo que daña a la persona y se descalifica lo que hace bien. Un ejemplo de esto es la implementación de una ley en Texas que permite el uso de armas en las escuelas: esta ley se legalizó en el 50vo. aniversario de un día triste como lo fue el ataque de un estudiante que dejó catorce muertos en el campus de Austin.[1] En medio de estos cambios filosóficos es posible desarrollar una percepción más adecuada sobre el bien y el mal a través del conocimiento de Dios, quien te puede guiar en medio de esta emancipación cultural.

Un joven realmente es un revolucionario cuando quiere ir más allá de lo que vive. Cuando conoce la verdad de un mundo lleno de necesidades, sufrimientos, dificultades y trabajo duro. Cuando mira la cotidianidad de la mentira e hipocresía, de la corrupción y el favoritismo, donde los beneficios no son iguales para todos; cuando se ve a sí mismo en un entorno donde la gente compite, lucha y se esfuerza, a veces sin conseguir los resultados deseados. Cuando se enfrenta a la cruda realidad de la vida y lo hace con rebelión, confrontación y cuestionamientos. Es entonces cuando se hace seguidor de las tendencias que van en contra de todo ese sistema obsoleto. Quiere ser inteligente ante este escenario y tomar las decisiones más asertivas sobre lo que le beneficia o no basado en sus parámetros o experiencias, lo que puede distorsionar la percepción sobre lo que es bueno o no.

Distorsión entre el bien y el mal

En un momento de la historia, el profeta Isaías llamó la atención del pueblo sobre la condición moral que presentaban. Les hizo ver que convivían con la avaricia desmedida, con prácticas sin límites de los poderosos y burladores, pervirtieron los conceptos morales, dejaron a los jueces corruptos y promulgaron leyes injustas que atropellaron los derechos de los pobres. Esto fue una consecuencia de la percepción desvirtuada de la moral nacional. En el capítulo 5 hace seis «ayes» o pronunciamientos de juicio: «¡Ay de los que a lo malo dicen bueno, y a lo bueno malo!» (Isaías 5:20). La definición que se describe de bueno en este pasaje significa 'favorable', 'encantador', 'mejor' y 'correcto'. En la creación, Dios vio que todo «era bueno en gran manera» (g. *tob*); también en Génesis 2:9 se menciona con relación al árbol del conocimiento del bien y el mal: al comer, la primera pareja intentó determinar por sí mismos el bien y el mal.[2]

Del mismo modo se han establecido nuevos parámetros de valoración moral en la sociedad actual. Se marca una diferencia entre algunas cosas que, para los abuelos y padres, determinaban lo bueno; mientras que ahora solo se ven como no funcionales. Por ejemplo, las relaciones prematrimoniales son una opción y el matrimonio es algo obsoleto. Estamos ante una sociedad liberal que determina sus propios parámetros éticos de acuerdo a la multiplicidad de culturas y a la conveniencia grupal e individual. Todo este escenario puede confundir y afectar tu percepción de lo que es correcto. Dice esta cita:

> Los jóvenes están confundidos en cuanto a qué es la verdad absoluta y quién la determina. En consecuencia, están tomando decisiones condicionales, optando por lo que parece ser la mejor alternativa en el momento, sin referencia a ningún conjunto fundamental de preceptos o principios básicos que guíen su comportamiento.[3]

Por sí mismo, el ser humano no puede ser su propio referente de ética. Dios es el ser que se denomina como bueno y los seres humanos son los malos por naturaleza. De allí que el origen del esfuerzo ético ponga a Dios como la realidad última.

Cuando un joven de clase privilegiada llamó a Jesús como «Maestro bueno», este le respondió: «¿Por qué me llamas bueno? Ninguno hay bueno, sino solo uno, Dios» (Marcos 10:18). Isaías presenta que el marcado cambio en los valores representa una insensatez decidida y consciente por parte de la persona; no es un asunto solo de percepción distorsionada, sino más bien de una decisión voluntaria de rechazar el bien y aceptar el mal. Esto ha originado que la verdad sea una cuestión de gusto y la moral sea reemplazada por la preferencia individual. La sociedad ha enfatizado tanto el punto de vista personal que, prácticamente, toda una generación de jóvenes rechaza la normativa absoluta para distinguir el bien del mal.[4]

Muchas veces la sabiduría humana se viste de confusión y desconexión de lo divino. Dice Isaías: «¡Ay de los que se consideran sabios, de los que se creen inteligentes!» (Isaías 5:21). La inteligencia ha sido usada en la ciencia para definir aspectos importantes sobre el ser humano. El **origen** de la humanidad se interpreta a través de la evolución, proceso que descarta a Dios. La **naturaleza** humana se estudia desde la antropología, la cual aplica la perspectiva humanista y su conducta racional. Para el **conocimiento** tenemos la filosofía, que es la base del saber y el mecanismo de pensamiento que determina la explicación de todo el entorno del ser y la verdadera esencia de la vida. Desde el **pasado** histórico se busca entender las raíces y la identidad del ser. En la **subsistencia** se toma al materialismo como la fuente del disfrute y el placer del vivir. En su **propósito y significado** está el existencialismo, que busca otorgar un sentido de pertenencia y llenar los vacíos para tener una vida significativa.

¿Qué es necesario para distinguir entre el bien y el mal?

El pueblo de Israel había sido sometido por los filisteos durante cuarenta años como consecuencia de su desobediencia. Dios, en su misericordia, levantó a Sansón para libertarlos, quien nació de una madre estéril y su padre Manoa de la tribu de Dan. Desde el anuncio del embarazo, fue apartado como nazareo: «Pues he aquí que concebirás y darás a luz un hijo; y navaja no pasará sobre su cabeza, porque el niño será nazareo a Dios desde su nacimiento» (Jueces 13:5). Este estilo de vida está registrado en el libro de Números 6:2-6: «Se abstendrá de vino y de sidra (...); no pasará navaja sobre su cabeza (...). Todo el tiempo que se aparte para Jehová, no se acercará a persona muerta». Él sería un juez especial para librar a Israel del yugo filisteo. Aunque sabía lo que era correcto, este joven decidió por voluntad propia escoger y practicar su propio código moral y esto lo llevó a errar el blanco. Mezcló la verdad con el error y propició un gran fracaso en su vida.

Sansón hizo como le pareció y fue vulnerable ante sus enemigos porque violó los tres votos como nazareo. Por su flirteo con las mujeres filisteas y la convivencia con sus enemigos fue atado en tres ocasiones; de ser libre, se expuso a la prisión, la esclavitud, el fracaso y la amargura. Esto muestra la experiencia que se puede tener cuando se está atado a situaciones en vez de mantenerse en los caminos que Dios plantea como buenos.

La primera atadura fue el resultado de la complacencia sexual: «Descendió Sansón a Timnat, y vio en Timnat a una mujer de las hijas de los filisteos» (Jueces 14:1). Desde que fijó sus ojos en una mujer filistea, tomó una serie de decisiones erróneas que lo condujeron a un camino tenebroso lejos de su propósito. La conducta de satisfacer su deseo inmediato se manifestó en varias ocasiones: «Fue Sansón a Gaza, y vio allí a una mujer ramera, y se llegó a ella» (Jueces 16:1).

Estos deseos de satisfacción propia lo llevaron a ser atado por su propio pueblo por temor a los filisteos: «Y ellos le respondieron, diciendo: No; solamente te prenderemos, y te entregaremos en sus manos; mas no te mataremos. Entonces le ataron con dos cuerdas nuevas, y le hicieron venir de la peña» (Jueces 15:13). Sansón estaba atado a su propio placer y el sentido de la vista fue un estímulo para obtener la gratificación, lo que lo condujo a tomar decisiones con poca sensatez. Si los ojos se focalizan en lo malo, cuales kamikazes japoneses, los deseos e impulsos se precipitarán directamente contra tus fortalezas. Sansón tampoco veía nada malo en desear, mirar y experimentar, y la juventud actual puede pensar así. Es por ello que necesitas la sabiduría para controlar y supervisar tus deseos, lo que contemplas y los contenidos virtuales a los que te expones.

Jesús dijo: «La lámpara del cuerpo es el ojo. Así que, si tu ojo está sano, todo tu cuerpo estará lleno de luz. Pero si tu ojo es malo, todo tu cuerpo estará en tinieblas» (Mateo 6:22-23). El Maestro hablaba de discernimiento, de saber distinguir entre las tinieblas y la luz, por eso el consejo: «Por tanto, si tu ojo derecho te es ocasión de caer, sácalo» (Mateo 5:29). Un joven seguro y estable sabe distinguir lo que es beneficioso para su vida, es aquel que «cierra sus ojos para no ver cosa mala» (Isaías 33:15). Cuida tus sentidos para que lo que entre en tu mente lo hagas bajo tu responsabilidad; no te expongas a librar batallas innecesarias, no dejes que la impureza sexual domine tu vida y te arrastre al fracaso y a experiencias dolorosas.

La segunda atadura vino producto de la desobediencia de Sansón. Dalila, su amante, fue sobornada por los filisteos para que lo engañara y este le declarara el secreto de su fuerza. En una relación desigual, como la de Sansón y Dalila, surgen problemas porque no comparten los mismos intereses, propósitos y la fe espiritual, lo que puede ocasionar peligros personales. Por eso es importante saber escoger a la persona que te acompañará por el resto de tus días. En tres ocasiones, Dalila insistió en la revelación del secreto de su fuerza y luego «los príncipes de los filisteos le trajeron siete mimbres verdes que aún no estaban enjutos, y ella le ató con ellos» (Jueces 16:8). Este juez de Israel pudo escaparse de las ataduras con su inmensa fuerza, incluso luchó y derribó murallas; pero no pudo con la astucia de esta mujer, quien le cortó los cabellos para dejarlo desprovisto de su incomparable fuerza física. No porque en el pasado te hayas liberado de ciertas ataduras, podrás librarte de sus consecuencias.

La tercera atadura sería la más costosa para Sansón porque lo llevó a vivir un tiempo sin la bendición de Dios: «Mas los filisteos le echaron mano, y le sacaron los ojos, y le llevaron a Gaza; y le ataron con cadenas para que moliese en la cárcel» (Jueces 16:21). La peor esclavitud para una persona es salirse de los planes de Dios y ser atado por los enemigos despiadados, quienes solo buscan destrucción. No te dejes atrapar por las ataduras que ciegan la capacidad para percibir lo bueno, que llevan a escoger lo malo como un estilo de vida. Sansón, el hombre más fuerte, se encontró sin ojos, sin cabello, sin libertad, sin fuerzas y sin la protección divina. Una vida apartada del bien, un voto de fidelidad destruido, una vida de antagonismos espirituales, llevan a errar el blanco, a ser motivo de burla y una deshonra para Dios.

La historia termina con el deseo de Sansón de cobrar venganza de los filisteos. Ahora estaba en una batalla personal para ser quien era. Se encontraba atado con cadenas, pero libre para con Dios. Comprendió que su verdadera fortaleza provenía de Dios y de hacer su voluntad. En su momento cumbre como prisionero de los filisteos, recordó su propósito y fue guiado a las columnas del lugar. Una vez ahí, pidió la dirección divina y, como resultado, experimentó la liberación de todas sus ataduras. Leamos: «Entonces clamó Sansón a Jehová, y dijo: (...) fortaléceme, te ruego, solamente esta vez» (Jueces 16:28). Escogió el bien y practicar lo que era correcto a los ojos de Dios. Ya no veía físicamente sino con los ojos de la fe, lo que le valió ser mencionado en el Nuevo Testamento y no ser olvidado en la historia antigua: «¿Y qué más digo? Porque el tiempo me faltaría contando de Gedeón, de Barac, de Sansón» (Hebreos 11:32).

Cuando tuvo la fuerza de su lado de nuevo y sus ojos estuvieron lúcidos, consiguió más derrotas que victorias. Ahora que no tenía ojos físicos, familia, mentiras, lujurias ni arrogancia, logró su propósito y obtener la victoria sobre los enemigos: «Y los que mató al morir fueron muchos más que los que había matado durante su vida» (Jueces 16:30). Sin la aplicación ni la consistencia de la verdad moral quedamos reducidos a hacer lo que parece bueno, lo que se siente bien, lo que produce menor resistencia y lo que provee mayor satisfacción personal.[5] Una vida centrada en el propósito de Dios no da concesiones a establecer la norma de conducta de lo que es conscientemente bueno, pues ya sabe distinguir entre la oscuridad y la luz, entre lo que edifica y lo que destruye. Acepta el desafío de cultivar, practicar y trasmitir lo bueno, desarrolla un discernimiento sabio para hacer lo que le agrada a Dios y lo que beneficia nuestro camino.

Desafío 6: ¿Sobre cuáles fundamentos determinas lo que contribuye y lo que no para una vida plena? ¿Lo que escoges practicar o experimentar te ayuda a ese objetivo? Haz una lista de conductas o pensamientos de la cultura actual y compáralas con el concepto del bien y el mal que posees. Luego, analízalas a la luz de la Biblia, empezando por el libro de Daniel y 1 y 2 de Timoteo.

> *Para que la participación de tu fe sea eficaz en el conocimiento de todo el bien que está en vosotros por Cristo Jesús.*
>
> Filemón 1:6

---

1   La información (18 de enero del 2016). «La Universidad de Texas aprueba que los alumnos lleven armas de fuego a clase». Recuperado el 21 de enero del 2023. https://www.lainformacion.com/mundo/la-universidad-de-texas-aprueba-que-los-alumnos-lleven-armas-de-fuego-a-clase_ofcrhfxni1jyst7jwb5nj5/.

2   Diccionario Vine (1999). «Palabra 'bueno'». Editorial Caribe, pp. 35-36.

3   McDowell, J. y Hostetler, B. (1996). *Es bueno o es malo*. Editorial Mundo Hispano, p. 29.

4   Ídem pp. 13-14.

5   Barna, G. y Hatch, M. (2005). *Punto de ebullición*. Editorial Vida, p. 87.

7

Desafiados a una misión imposible

Dentro de la palabra imposible dice posible.
Makayla Redmon

Como el menor de mis hermanos varones, se me dificultaba obtener algunos beneficios y cosas, pues ellos eran mayores y tenían superioridad sobre mí. Me volví un mal estudiante y los maestros se quejaban de mi comportamiento inadecuado. La mayoría pensaba que no podría triunfar ni terminar una carrera, menos conseguir un trabajo estable. Acepté, un día, el desafío de Dios y de la vida misma, me comprometí a lograr mis metas y aquello que parecía imposible. Hoy tengo el resultado de esa decisión: encontré el sentido de vivir, tengo una buena esposa, una vocación laboral estable y avancé hasta un doctorado en mi preparación académica. He podido enfrentar los obstáculos y la adversidad del pasado, y sigo capacitándome para asumir los muchos desafíos que quedan por delante. Me he superado a mí mismo, así como a las ideas de los otros sobre mi persona: tomé a Dios como mi aliado y me ha ayudado a seguir creciendo en todo sentido.

La juventud vive una época marcada por los avances en la ciencia, la tecnología y las comunicaciones, pero esto no supone que estén libres de problemas y retos, sino que más bien se enfrentan a algunas etiquetas o supuestos sobre sus objetivos personales. El mundo donde se desenvuelven presenta múltiples problemas en diferentes áreas, lo que trae sombras para el futuro. En la práctica lo vemos con el supuesto de «no podrás», desde el cual se cree que no están a la altura de las circunstancias; esto resuena como un eco en sus mentes y los lleva a sucumbir ante esta creencia para dejar atrás sus metas. Algunos ven que no tienen la experiencia suficiente o que sus capacidades no están acorde al reto, entonces se inhiben de realizar tareas y actividades desafiantes para su crecimiento personal.

Esta escena se ha repetido en personajes que, aunque fueron menospreciados en algún momento, al final demostraron que sí podían llegar a la cima más alta. A Steven Spielberg lo rechazaron tres veces de la universidad porque lo consideraron incapaz; sin embargo, luego se convirtió en uno de los directores más relevantes de la historia de Hollywood. Los productores percibieron que la forma de actuar de Charles Chaplin era poco convencional y fue rechazado por su estilo incomprensible, para después convertirse en la primera estrella reconocida y auténtica del cine estadounidense. Albert Einstein no dijo una palabra hasta los cuatro años y empezó a leer a los siete, sus maestros le recriminaban su constante falta de atención y lo tachaban de perezoso y con incapacidad mental; aun así, logró ganar el premio Nobel de Física. En el caso de Michael Jordan, cuando cursaba la secundaria, su entrenador no creyó en su capacidad deportiva y le decía que no estaba en forma para estar con el equipo, para luego convertirse en el mejor basquetbolista de la historia.

Cuando alguien dice que «no puedes», señala que tus capacidades no son adecuadas para lo que pretendes realizar. Se muestran las limitaciones que no están a tu favor para conseguir objetivos. Se evalúan tus habilidades, destrezas y capacidades sin conocerte y con una valoración hecha desde una perspectiva que puede estar lejana a la realidad. Es una expresión negativa que invalida el potencial juvenil y disminuye la motivación e iniciativa para nuevos proyectos. Llevan a la juventud a ver, en estas dos palabras, un obstáculo que les impide hacer cosas extraordinarias. Cuando Moisés recibió la comisión de Dios, dijo que no podía, que no le creerían, que ni sabía hablar; los diez espías sintieron que no podrían conquistar la tierra porque aquel pueblo era más fuerte que ellos; Jeremías se creía inmaduro como un niño porque no sabía hablar; y Gedeón, ante la batalla, se preguntó: «¿Cómo los venceremos?».

¿Qué tendría que ser diferente para que sigas con perseverancia hasta lograr tus metas? David tuvo que pensar en esto en un momento de su vida. Siendo ungido como un rey por Dios, volvió a sus labores rutinarias de pastor: «Pero David había ido y vuelto, dejando a Saúl, para apacentar las ovejas de su padre en Belén» (1 Samuel 17:15). Al no comprender que había sido llamado para una misión superior, volvió a la zona de confort desde la cual no se pueden cosechar mayores logros. Esta misma lucha la tienen los jóvenes cristianos: salir de la rutina se hace difícil por el temor a explorar más allá de su normalidad.

Cuando nadie cree en ti

De nuevo, se muestra la subestimación que el padre de David tenía sobre él en la comisión que le dio, que era la de llevar provisiones a sus hermanos que estaban en la batalla contra los filisteos: «Toma ahora (...) estos diez panes, y llévalo pronto al campamento a tus hermanos» (1 Samuel 17:17). Después de ser elegido rey, Saúl lo eligió como paje de armas, pero él se va a cuidar de nuevo las ovejas y su padre lo convierte en un mandadero. Esta serie de situaciones, una vez superadas, lo capacitaron para enfrentar más adelante al gigante Goliat. Al llegar al campo de batalla, el hermano mayor le recrimina: «¿Para qué has descendido acá? ¿Y a quién has dejado aquellas pocas ovejas en el desierto?» (1 Samuel 17:28). Este era el candidato predilecto del sacerdote Samuel y de su padre, pero Dios sabía que Eliab no era idóneo para ser rey de Israel. Recibe el menosprecio de su labor no solo de su hermano Eliab, sino del líder y del familiar.

Los jóvenes viven esta misma experiencia por parte de líderes, amigos, maestros y familiares porque no creen que están capacitados para enfrentar los grandes desafíos de este tiempo. ¿Cuántas veces han tenido que batallar con estas etiquetas? Ellas no los definen como personas: deben creer en ustedes porque Dios sí lo hace. El rey Saúl, al ver la iniciativa de David para enfrentar al gigante, le dice: «No podrás tú ir contra aquel filisteo… porque tú eres muchacho» (1 Samuel 17:33). Salen de nuevo frases invalidantes como «no es tu lugar» o «no podrás», y es que el enemigo constantemente los amedrenta y desanima para que no se sientan preparados para ganar batallas espirituales y personales. Nadie puede quitarles el propósito que Dios tiene para ustedes, ni puede negarles pelear sus propios conflictos y obtener la victoria. Ustedes sí pueden, son aptos para los desafíos y tienen cualidades que les permitirán caminar hacia su destino.

Muchos tienen la intención de alcanzar alguna meta, pero no están dispuestos a dar los pasos con esfuerzo y compromiso. La voluntad es indispensable para ir por el objetivo que quieres alcanzar, junto con la dedicación y el esfuerzo que te impulsa, más el sentido que le des. David había intentado tener logros significativos y sabía que parte del secreto consistía en confiar en Dios y en sus habilidades y capacidades propias: «Fuese león, fuese oso, tu siervo lo mataba; y este filisteo incircunciso será como uno de ellos» (1 Samuel 17:36). No descuides el don que hay en ti, pon en marcha tu potencial para trabajar junto a Dios en lo que tiene para ti ya que: «En las vocaciones humildes de la vida hay más de un trabajador inconsciente de que hay en él facultades latentes que, puestas en acción, lo colocarían entre los grandes dirigentes del mundo».[1] Solo aquellos que se arriesgan sabrán cuán lejos pueden llegar.

Los criados de Saúl tenían un mejor concepto de David que su círculo cercano:

> Entonces uno de los criados respondió diciendo: He aquí yo he visto a un hijo de Isaí de Belén, que sabe tocar, y es valiente y vigoroso y hombre de guerra, prudente en sus palabras, y hermoso, y Jehová está con él.
>
> 1 Samuel 16:18

Así puede ser tu experiencia: mientras algunos no vean tus destrezas, otros reconocerán tus innumerables cualidades. El hijo de Isaí tenía plena confianza en que Dios lo fortalecería para derribar al gigante; así lo hizo y venció en su nombre. Si crees que estarás con la disposición de intentarlo, podrás lograrlo si lo intentas; así verás que puedes superar los desafíos que la vida te presenta.

Dios te ha concedido un alto nivel de capacidades, te dotó de facultades individuales y mentales para estar a cargo de los retos de la vida y ser responsable de construir el camino hacia tu proyecto de vida. Pablo logró superar los obstáculos porque tenía plena confianza en la ayuda divina (Filipenses 4:13). Tienes ese mismo componente: confía en lo que Dios te ha dado, no veas imposibles donde no los hay, deja que Él te llene de energía y te sustente cuando tengas carencias y debilidades. Paulo Coelho, en su libro *El Alquimista*, escribió: «Cuando una persona desea realmente algo; el universo entero conspira para que pueda realizar su sueño». Yo diría más bien que cuando un cristiano necesita de algún recurso para vencer los desafíos de la vida, todo el reino de los cielos se une para que sea suplido, porque la garantía es: «Mi Dios, pues, suplirá todo lo que os falta conforme a sus riquezas en gloria en Cristo Jesús» (Filipenses 4:19).

Preparado para la misión imposible

Olga Kotelko, a sus 95 años, ya tenía más de 30 récords mundiales y 750 medallas de oro en atletismo. Esta canadiense empezó a competir a los 77 años y su filosofía de vida se expresaba en que la edad es solo un número, que lo más importante es la actitud hacia las cosas que nos ocurren.[2] Se requiere un espíritu de constancia para poder llegar hasta donde otros no se atreven, una conexión real con lo que amas, un compromiso activo y el deseo de alcanzar metas significativas.

En la Biblia se registra la historia de un joven que decidió alcanzar lo que vieron como imposible: después de cuarenta y cinco años, logró una de las proezas bíblicas más importantes. Esta hazaña fue clave para el establecimiento del pueblo de Dios en Canaán y para la conquista de Jerusalén. Caleb, cuyo nombre significa 'perro' o 'impetuoso', fue un héroe que hizo de la promesa de Dios su inspiración que lo guiaría a su objetivo. Sostuvo que obtendría su monte pero, para cumplir sus aspiraciones, necesitó fuerza de voluntad, aspirar cosas mejores, dependencia de Dios, una meta y paciencia para saber esperar el éxito.

El relato nos dice que subió a reconocer la tierra cuando los doce espías fueron enviados, y él junto a Josué fueron los únicos que creyeron que Dios les daría la tierra y la conquistarían. Cuando se presentan oportunidades para grandes logros, no se puede alcanzar la meta si se tiene mente de langosta,[3] por eso Dios le dijo: «Pero a mi siervo Caleb, por cuanto hubo en él otro espíritu, y decidió ir en pos de mí, yo le meteré en la tierra donde entró, y su descendencia la tendrá en posesión» (Números 14:24). Tenía Caleb un espíritu diferente que confiaba, avanzaba, continuaba y se extendía hacia el futuro. Cuando alguien te hace creer que no podrás alcanzar los sueños, es necesario cultivar esa cualidad particular que te dé la capacidad de extender tus alas victoriosas hacia adelante. Siempre requerirás saber cuál es tu realidad y dónde estás para caminar hacia tu meta.

Cuando los diez espías incrédulos desanimaron al pueblo al decirles que no podían, Caleb respondió: «Subamos luego, y tomemos posesión de ella; porque más podremos nosotros que ellos» (Números 13:30). David también se enfrentó a los peros de quienes le decían que no podía, y él dijo: «No desmaye el corazón de ninguno a causa de él; tu siervo irá y peleará contra este filisteo» (1 Samuel 17:32). Seguir avanzando empieza por ti mismo, por creértelo, esencialmente en los momentos más desafiantes. La mente de langosta ve el reto demasiado grande o duda de sus capacidades; ese no es el momento para desfallecer, sino para seguir adelante con esfuerzo y determinación. Tus facultades y habilidades, aunadas a la confianza en Dios, te facilitarán el proseguir hacia las metas y cosechar victorias conforme a los propósitos eternos.

Caleb estaba comprometido a seguir la ruta trazada por Dios: «pero yo cumplí siguiendo a Jehová mi Dios» (Josué 14:8). Esta decisión se había mantenido activa durante cuarenta y cinco años con la misma fuerza y actitud:

Yo era de edad de cuarenta años cuando Moisés siervo de Jehová me envió de Cades-barnea a reconocer la tierra (...). Todavía estoy tan fuerte como el día que Moisés me envió; cual era mi fuerza entonces, tal es ahora mi fuerza para la guerra, y para salir y para entrar.

Josué 14:7,11

Lamentablemente parte de la juventud no alcanza sus objetivos por la falta de entrega a una causa. La debilidad en el compromiso se presenta debido a que hay un rechazo al deber; ellos solo quieren vivir el momento y no poseen ideas claras sobre el futuro.

La clase de aspiraciones que tenía Caleb le permitió vivir plenamente, adquirir fortaleza y disposición para la batalla. Como joven puedes tener este tipo de compromiso activo para iniciar y mantener un proyecto de vida que sea efectivo y satisfactorio. Tú eres parte de ese perfil que necesita la sociedad para que, como la generación de relevo, tomes el papel protagónico de transformar escenarios hacia algo mejor. Los portadores de luz están cayendo y los jóvenes deben prepararse para llenar las vacantes a fin de que el mensaje siga proclamándose. Se ha de extender la lucha activa.

Caleb confiaba en llegar a la cima más alta y tenía planes bien establecidos en su vida. Su proyecto más importante era conquistar la tierra que había reconocido hacia 45 años y la cual confiaba en que Dios le daría:

Dame, pues, ahora este monte, del cual habló Jehová aquel día; porque tú oíste en aquel día que los anaceos están allí, y que hay ciudades grandes y fortificadas. Quizá Jehová estará conmigo, y los echaré, como Jehová ha dicho.

Josué 14:12

No vio como obstáculo los aparentes años de fracaso sin obtenerla, tampoco la edad ni sus fuerzas; se enfocó en la promesa y confió en sus destrezas. En esos años de espera, desarrolló la paciencia activa de construir y desarrollarse, cada paso que dio era para acercarse a la posesión de su tierra. Fue perseverante en su objetivo y reconoció también sus pequeños pasos hacia la victoria.

Siempre habrá una montaña para conquistar en tu vida, el desafío está siempre frente a ti, la pregunta es: ¿qué te motiva? ¿Qué sentido tiene para ti caminar hacia esa victoria? Para alcanzarla, debes definir muy bien el objetivo: haz un plan adecuado y realista, acepta el reto y conquista tu monte, cualquiera que sea. En la cumbre de la montaña, busca ese propósito que te llama, esa verdad que te reclama. En el monte de la esperanza, sigue buscando lo que quieres encontrar. Búscate a ti mismo dentro de este mundo hostil, busca también a Dios, contempla como Moisés su gloria y acércate cara a cara con tu destino.

Desafío 7: Piensa en tres situaciones donde te hayas dado cuenta de que has superado algunos «no podrás» o algunas frustraciones. Identifica cuáles son tus fortalezas o virtudes y aquellas características que debes fortalecer. Busca dos personajes en la Biblia que sirvan de ejemplo para descubrir sus fortalezas y debilidades, y cómo estas contribuyeron o no a alcanzar sus objetivos.

Entonces Caleb hizo callar al pueblo delante de Moisés, y dijo: Subamos luego, y tomemos posesión de ella; porque más podremos nosotros que ellos (...) ni temáis al pueblo de esta tierra; porque nosotros los comeremos como pan; su amparo se ha apartado de ellos, y con nosotros está Jehová; no los temáis.

Números 13:30, 14:9

1   G. White, E. (2009). *La educación*. Asociación Publicadora Interamericana, p. 78.
2   BBC (7 de mayo del 2014). «El secreto de la atleta que bate récords a los 95 años». Recuperado el 25 de enero del 2023. https://www.bbc.com/mundo/noticias/2014/05/140507_envejecer_sanos_lp.
3   Se refiere a considerarse a uno mismo como indigno o de poco valor/aptitud.

8

Desafiados a ser *influencers*

Algunas personas quieren que algo ocurra, otras sueñan con que pase, otras hacen que suceda.
Michael Jordan

Para la época de los 80 y 90, donde no existía el internet, hubiese resultado muy difícil ser un o una *influencer* como en la actualidad. Las personas tenían influencia a través de sus propias experiencias, de la palabra, de los valores y su filosofía de vida. No era necesario tener éxito en el deporte, dinero, ser cantante, artista, *celebrity* o *socialité* para causar un efecto profundo en los demás. Cuando me bauticé, decidí cambiar mi mensaje, lo que trajo valoraciones negativas y positivas ya que provengo de una familia católica. Con el pasar del tiempo, veo que he llegado a tener una influencia positiva en ellos y también han podido ver otra cara de Dios por medio de mi testimonio de fe. La mayor influencia se genera en nuestro círculo, con aquellos con quienes podemos relacionarnos cada día. Jesús tuvo que acercarse a nosotros para poder motivarnos a creer en algo mejor.

Influencer es un término que define el impacto de un individuo para determinar o alterar la forma de pensar o de actuar de alguien. Significa generar confianza, compartir experiencias, opiniones, conocimientos y causar un efecto.[1] El *influencer* cuenta con ciertos conocimientos sobre un tema en específico. Por su presencia e influencia en redes sociales, se convierte en un productor de contenido que brinda asesorías sencillas y prácticas. Estos personajes han revolucionado el mundo de la política, música, publicidad, televisión y otros medios. Son íconos que buscan hacer el mundo más competitivo, incluyente y dinámico.

Entre los diez *influencers* más importantes según la revista Forbes tenemos a Zoe Sugg, en la categoría de Belleza, con más de 11,6 millones de suscriptores en YouTube. Kayla Itsines, de fitnes, cuya aplicación generó 17 millones de dólares de ingresos en el 2016. La reina de la categoría Hogar es Grace Bonney, quien cuenta con un millón de lectores al mes.[2] Cameron Dallas, tiene fama por sus videos cortos y graciosos de Vine. Sommer Ray se caracteriza por publicar sus rutinas diarias de ejercicios. Los increíbles trucos de magia digital convierten a Zack King en uno de los más cotizados en el área. Lele Pons, gracias a sus comedias, es una de las más populares y Félix Kjellberg lo es en el mundo de los videojuegos.[3]

Aunque estos *influencers* alcanzan a muchos, hay otra clase de jóvenes que, con sus historias de vida, impactaron a sus culturas. José fue uno de los más destacados del Antiguo Testamento: «¿Acaso hallaremos a otro hombre como éste, en quien esté el espíritu de Dios?» (Génesis 41:38). Un joven con el espíritu divino que tiene conexión especial con lo que ama. Dios estaba siempre en su mente, era la fuerza motora que lo impulsaba a tener un propósito. Tuvo una gran influencia porque estaba en armonía con el plan divino para él; sabía muy bien de su llamado y del impacto que causaría en otra cultura porque: «lo que hacía, Jehová lo prosperaba» (Génesis 39:23). José no solo buscaba entretener, enseñar, distraer o ganar seguidores o dinero, sino mostrar el cuidado y amor de Dios (Génesis 45:5).

Caleb fue otro joven» que se destacó por tener un espíritu diferente: «Pero a mi siervo Caleb, por cuanto hubo en él otro espíritu, y decidió ir en pos de mí, yo le meteré en la tierra donde entró, y su descendencia la tendrá en posesión» (Números 14:24). Confiaba en la victoria antes de enfrentar los desafíos, conquistaba donde pocos se atrevían, no veía los obstáculos sino las posibilidades, avanzaba contra la corriente y sabía apuntar a los objetivos que iban a causar mayor impacto a largo plazo.

Mientras tanto, Daniel sobresalió entre los grandes dirigentes del reino: «Pero Daniel mismo era superior a estos sátrapas y gobernadores, porque había en él un espíritu superior; y el rey pensó en ponerlo sobre todo el reino» (Daniel 6:3). El profeta era un *influencer* que, aun en las adversidades, dejaba huella; aun en medio de los peligros, mantenía sus convicciones. Por eso fue tomado en cuenta para responsabilidades superiores, pues nunca olvidaba su misión y era una bendición para otros. Mostraba un espíritu superior en sabiduría, entendimiento y capacidad para desarrollar cualquier función.

Juan el Bautista llegó a ser el personaje más popular de su época y su impacto fue más allá de los alcances geográficos. Fue un hombre que marcó, con su estilo de vida, los corazones de las personas con el llamado de arrepentimiento: «Entonces salía a él Jerusalén, y toda Judea, y toda la región de alrededor del Jordán» (Mateo 3:5). A los discípulos también se les reconoció su influencia después de haber convivido con Jesús: «Entonces viendo el denuedo de Pedro y de Juan, y sabiendo que eran hombres sin letras y del vulgo, se maravillaban; y les reconocían que habían estado con Jesús» (Hechos 4:13). Ellos tenían el objetivo de dar a conocer al Maestro y cómo había obrado en sus vidas.

Tenían un pensamiento elevado y aspiraciones nobles, por los cuales la gente percibía su compromiso con lo que creían.

El *influencer* más grande

El Ticktoker más famoso del mundo es Khaby Lame. Tiene más de 142 millones de seguidores sin decir una sola palabra. La influencia va más allá de las palabras, tiene que ver con lo que proyectamos a los demás. Salomón fue el más grande e influyente rey de Israel; su sabiduría, poder y riquezas le permitieron ser reconocido por todos: «Era mayor la sabiduría de Salomón que la de todos los orientales, y que toda la sabiduría de los egipcios. Aun fue más sabio que todos los hombres (…); y fue conocido entre todas las naciones de alrededor» (1 Reyes 4:30-31). Su trascendencia se debió a la conexión que tenía con Dios y al entendimiento de su proyecto de vida. Cada reino tiene un ejército cuyas características identificativas son acordes a sus principios. Así como le tocó a Salomón, también los jóvenes cristianos son agentes de cambio y transformación en los asuntos de su cultura y sociedad. Como rey, aunque fuera joven, debía ser un varón que se dominara y tuviera autoridad sobre su pueblo; que pusiera primero los intereses de Dios y los de su pueblo antes que los personales.

La fama de Salomón se extendió a otros reinos, por eso la reina de Saba se interesó en conocerlo. Decidió emprender un largo viaje con sus oficiales para comprobar lo que se decía de él: «Oyendo la reina de Saba la fama que Salomón había alcanzado por el nombre de Jehová, vino a probarle con preguntas difíciles» (1 Reyes 10:1). Este rey no solo era un seguidor de Dios, sino un verdadero discípulo que aprendió a hacer su voluntad, a ser transformado y asemejarse a Él. ¿Te imaginas que se propague tu fama de lo que sabes hacer y, cuando la gente se interese en contactarte, muestres la verdad de Dios?

Al llegar al reino, varias cosas de la vida de Salomón llamaron su atención. Cuando Dios le dio la oportunidad de pedir lo que deseara, pidió **sabiduría** para la misión que tenía adelante. Quería ser sabio para gestionar los asuntos de la vida y fue la clave de su fama y prosperidad en el reino. En la sabiduría se basa el conocimiento de Dios y la Escritura como fundamento de tu filosofía. Vivir con ella es la invitación a buscar el discernimiento y tomar buenas decisiones según la guía divina, incluso en los asuntos discutibles. Para que tengas una influencia en cualquier escenario, sigue este consejo: «Mirad, pues, con diligencia cómo andéis, no como necios sino como sabios» (Efesios 5:15).

Se maravilló del **templo** que edificó Salomón para Dios, la dinámica de adoración que se desarrollaba (1 Reyes 10:4) impresionó su corazón. La devoción que cada uno ofrezca, con espíritu humilde y con reverencia, es un argumento convincente a favor de la fe. Las expresiones de adoración como cantar, orar y estudiar la Biblia muestran la calidad de la relación que mantienes con Dios y la visión que tienes de Él. El templo era ese lugar para reunirse y honrarlo, pero adorar es una virtud para experimentar en todas las **áreas** de la vida: con hechos y palabras manifestamos nuestro amor y lealtad.

Otro aspecto visto por la reina fue el estilo de vida que practicaban, específicamente la **comida** (1 Reyes 10:5). La impresión que recibió al ver la mesa servida fue la muestra de que este pueblo se guiaba por costumbres y creencias diferentes a las de su reino. La alimentación y el cuidado de la salud tienen que ver con tu filosofía de vida. La vida cristiana busca mejorar y transformar los hábitos para que estén en armonía con el bienestar. La alimentación que llevas influye también en otras personas y demuestra que te preparas para vivir en una cultura celestial. Saber que el cuerpo es un templo vivo desde el cual rindes adoración y honra al Dios verdadero te ayudará a cuidarlo. Porque has de presentar el Evangelio no como una teoría inerte, sino como una fuerza viva capaz de transformar el comportamiento y las formas de vida. Por medio de tu sabiduría para cuidar la satisfacción del apetito, facilitarás el desarrollo de un carácter armonioso para mostrar lo que Jesús ha hecho por ti.

Después pudo ver la **vestimenta** de este pueblo, incluso de quienes servían a la mesa del rey (1 Reyes 10:5). La manera de vestir y tu apariencia externa deberían ser un reflejo de lo que eres y crees internamente, porque representan el reino al cual perteneces y expresa tus valores; cuando no hay disonancia en este aspecto, evitas conflictos emocionales. Sin importar si eres joven o adulto, o la posición o cultura que poseas, necesitas encontrar un balance en cuanto al aspecto exterior y las creencias espirituales. La apariencia personal es una muestra de que representas a un Dios creador y salvador. Si los siervos de Salomón impresionaron con un vestido acorde a sus creencias, no hay razón para que tú no hagas lo mismo. No necesitas un uniforme ni seguir reglas estereotipadas, pero sí marcar la diferencia de asumir con sencillez, pulcritud y buen gusto al escoger vestirte como alguien que ama a Jesucristo.

El punto culminante del impacto que causó este joven *influencer* ante la reina fue mostrar la esencia del carácter de Dios, la cual vio con reverencia y asombro lo siguiente: «por las ofrendas quemadas que ofrecía Salomón en el templo del Señor» (1 Reyes 10:5, NTV). Al observar la dinámica en el santuario, desconocida para ella, se maravilló del Dios compasivo y misericordioso que este pueblo adoraba. Pudo conocer que el **plan de salvación** se basaba en el amor y la gracia, que el Señor no era como los dioses ineficaces y castigadores que adoraban en su reino.

Tienes un llamado a tener como tema central la obra salvadora de Cristo, tener impresión profunda por su muerte en la cruz, desear compartir este mensaje con otros y llegar a las personas necesitadas de perdón y restauración.

Un joven que se dispuso a dar el primer lugar a Dios en su corazón logró transformar a un reino completo. Su influencia traspasó las fronteras de su nación e impactó a los de Saba, quienes se convirtieron y adoraron al Dios verdadero. El profeta Isaías haría mención a este acontecimiento: «Vendrán todos los de Saba; traerán oro e incienso, y publicarán alabanzas de Jehová» (Isaías 60:6). Tú puedes actuar de tal manera que los reflejos de tu esperanza lleguen a los rincones más oscuros donde se encuentran las personas; puedes ser un *influencer* de algo más significativo y atraer a otros al conocimiento de Aquel que nos ha llamado a su luz admirable. Junto a la reina de Saba, puedes tener historias maravillosas dentro del amor y rescate de Dios, tal como dijo Jesús sobre la conversión de ella: «La reina del Sur se levantará en el juicio con esta generación, y la condenará» (Mateo 12:42).

Al terminar su experiencia de conocer al joven rey Salomón y su reino quedó asombrada (1 Reyes 10:5). También es posible que los jóvenes influyentes de este momento de la historia asombren con su vida, su sabiduría, su adoración, su estilo de vida, y su conocimiento y creencia en el Salvador. Lo único que se requiere es conocer, aceptar y amar a Dios en su esencia, sin ningún conflicto entre la fe y las obras.

Ante la influencia de lo que experimentó, la reina decidió ser una seguidora del Dios de Salomón, así lo expresó en su informe final: «Verdad es lo que oí en mi tierra de tus cosas y de tu sabiduría; pero yo no lo creía, hasta que he venido (...). Jehová tu Dios sea bendito» (1 Reyes 10:6-9). Los jóvenes también pueden ser instrumentos para que otros lo amen y deseen ser parte de su reino. La vida transformada y consagrada de la juventud puede mostrar el plan de salvación para que otros puedan bendecir el nombre de Dios.

Desafío 8: Promueve la comunicación *face to face* con los grupos que interactúas. Usa esos espacios para mostrar quién eres y cuál es tu mensaje para impactarlos positivamente.

Pero recibiréis poder, cuando haya venido sobre vosotros el Espíritu Santo, y me seréis testigos en Jerusalén, en toda Judea, en Samaria, y hasta lo último de la tierra.

Hechos 1:8

---

1 Wynter, G. (21 de febrero del 2022). «¿Qué es un influencer? Definición, tipos y ejemplos». Recuperado el 25 de enero del 2023. https://blog.hubspot.es/marketing/marketing-influencers.

2 Espinel, R. (14 de abril del 2017). «Los 30 influencers más importantes del mundo según Forbes». Recuperado el 25 de enero del 2023. https://produccionaudiovisual.com/produccion-video-digital/30-influencers-mas-importantes-forbes/.

3 Gustavo 1941 (18 de octubre del 2020). «Los 10 mejores influencers del mundo de Instagram». Recuperado el 25 de enero del 2023. https://masonerialibertaria.com/2020/10/18/los-10-mejores-influencers-del-mundo-de-instagram/.

9

Desafiados a una vida con propósito

Cuando una persona no puede encontrar un sentido profundo de su significado, se distrae con el placer.
Viktor Frankl

Después de la muerte de mi madre experimenté tristeza, decepción, soledad y frustración de ver cómo mis sueños y seguridad se derrumbaron. En el tiempo que estuve con mi padre, él trabajaba todo el día y yo pasaba horas interminables solo en mi habitación. No encontraba dirección, sentía que no había nadie que me brindara afecto y no veía algo valioso que me alentara. Dios, nuevamente, me brindó una oportunidad. Hubo luz en medio de mi oscuridad, sonrisas y sentido: conocí a quien hoy es mi esposa, la que me ha acompañado la mayor parte de mi vida. Ella fue una respuesta de Dios a tantas lágrimas y frustraciones. Juntos aprendimos de Dios, juntos nos bautizamos y juntos hemos seguido caminando de su mano; Él ha llenado todos los vacíos y nos ha dado una vida con propósito y satisfactoria. Cuando haces de Dios tu amigo, los vacíos que la vida produzca serán llenados y Él te brindará oportunidades.

La cultura de la ausencia de Dios refleja la impotencia y frustración de quienes no han encontrado la realidad de un Creador. Los sentimientos de desánimo, la soledad, la depresión, el miedo y la desesperanza han alimentado los vacíos existenciales. Las desilusiones llevan a una era sin sentido donde muchos no encuentran su propósito de vida. Las grandes interrogantes del ser humano parecen no tener respuestas y esto produce incertidumbre. Al excluir a Dios de la ecuación de la felicidad, se generan múltiples alternativas para suplir las necesidades personales pero sin lograrlo. Esta era comenzó con la declaración del filósofo alemán Friedrich Nietzsche, «Dios ha muerto», la cual fue asimilada por la cultura y sociedad para enviudarse de todo lo que significa religión. Así lo expresa el autor: «Dios sigue muerto (...). El más santo y el más poderoso que el mundo ha poseído se ha desangrado bajo nuestros cuchillos».[1]

Según Nietzsche, la muerte de Dios define la negación de los humanos a creer en lo trascendente. Esta declaración involucra no solo negar cualquier presencia de Dios, sino también el rechazo de los absolutos divinos. Plantea la desaparición de la objetividad y dar paso a la subjetividad, la cual dirigirá la conciencia. Se ha visto lo equivocado e ineficaz de sus teorías al buscar significado; lo que ha muerto es el intento humano al pretender vivir con plenitud al margen de Dios. También ha desaparecido la responsabilidad moral del hombre con su Creador y la capacidad de reconocer lo eterno.

Como jóvenes no están lejos de esta realidad puesto que, influenciados por esta filosofía, algunos excluyen al Dador de la vida: está muerto en sus corazones, asesinado sin piedad en sus conciencias y actos. Al no tener un ideal real de cómo resolver sus vacíos y encontrar un camino a la felicidad, todo pierde sentido.

La era del vacío

Nos encontramos ante el asesinato de Dios, el disparo contra la ética, la aniquilación de la moral, el degollamiento de los principios y la tortura de la piedad. Antonio Cruz comenta:

Asistimos en nuestro tiempo, a lo que se ha llamado «muerte de la ética». Esta ética posmoderna, con su ausencia de reglas, la ha matado. La filosofía del «todo vale» ha acabado con ella. A su funeral se presentan solo dos herederas, la estética y la belleza. Van de negro y aparentan dolor solo por quedar bien. Los trámites y las formalidades burocráticas ya se han realizado. Ahora la estética sustituirá a la ética y la belleza hará lo propio con la moral.[2]

Estos aspectos estéticos no pueden, por sí mismos, generar la plena satisfacción humana; pero son componentes muy buscados como supuestos creadores de la felicidad y, ante su fracaso, aumenta la frustración de la vida.

Cambiar a un Dios infinito como medida de la plenitud para colocarse a sí mismo y a elementos externos finitos solo puede traer más vacío y soledad, ya que: «El ser humano, por ser finito y limitado no puede producir satisfacción plena».[3] Por esta razón, David exclamó: «Cuando veo tus cielos… digo: ¿Qué es el hombre, para que tengas de él memoria?» (Salmos 8:3-4). Al observar la creación, David ve su insignificancia como ser humano y su impotencia para alcanzar la plenitud. Al final del salmo expresa: «¡Oh Jehová, Señor nuestro, Cuán grande es tu nombre en toda la tierra!» (Salmos 8:9). Josh McDowell escribe:

> El error de Israel (que pagó caro) fue rechazar a un Dios infinito e inmutable rey y poner a un mero hombre en su lugar. De manera similar, nuestra cultura moderna ha destronado a Dios como la fuente definitiva de felicidad, verdad, moralidad y ha entronado al hombre en su lugar.[4]

Está muy vendida la idea de que la religión y la fe son mecanismos dirigidos a coartar la conciencia y las libertades personales. Si se asume esto como cierto, entonces la alternativa es crear métodos para independizarse de Dios y su tiranía, y de todo aquello que lo represente. Sin embargo, es Dios quien ha dotado al ser humano de libertad de pensamiento, de individualidad, de identidad y de características personales únicas. Es una falsa idea el ser como marionetas de una divinidad que nos dirige a su antojo. Al mirar la condición humana, notarás la evidencia del fracaso de poner todo en manos de seres semejantes. La pretensión de estar en contraposición de Dios, con leyes y disposiciones para neutralizarlo en los asuntos humanos, solo obstaculizará el verdadero desarrollo, la genuina felicidad y la oportunidad de vivir con sentido y esperanza.

Si buscas la plenitud del ser en ti mismo, te pasará como al hombre de la siguiente historia:

> Se cuenta que un día del año 1808 un hombre deambulaba deprimido por las calles de Mánchester. Viendo un letrero de consulta médica, decidió entrar para intentar curar su desánimo. Explicó al facultativo que estaba lleno de temor y terror sin saber por qué. También contaba con síntomas melancólicos que le impedían gozar de la vida.
>
> El médico le dijo:
>
> —Su dolencia no es mortal. Usted necesita reír y encontrar satisfacción en las cosas simples de la vida.
>
> —¿Y qué hago, doctor? –preguntó el paciente.
>
> El médico le aconsejó:
>
> —Más que medicamentos, lo que usted necesita es que alguien le alegre la vida. Vaya esta noche a la función del payaso Grimaldi. Dicen que es el hombre más gracioso del mundo. Él lo curará.

La réplica del enfermo fue sorprendente:

—No bromee, doctor: ¡Yo soy Grimaldi![5]

Perteneces a una sociedad que experimenta una vida llena de vacíos, insatisfacción, apariencias, infelicidad, y problemas emocionales y mentales que marcan el sin sentido de la vida, donde la estética pide una fachada, una apariencia, que muestre lo contrario; o te dirige a la incansable búsqueda de cosas que llenen tu vasija, cuya boca es insaciable y no termina de llenarse, tal cual dice el texto: «Y será como el que tiene hambre y sueña, y parece que come; mas cuando despierta, su alma está vacía» (Isaías 29:8). Así lo argumenta Víktor Frankl: «El vacío existencial es el sentimiento que lleva al ser humano a pensar que no hay razones para vivir». Se ha determinado la era del vacío como característica de la época actual que, al igual que la mujer samaritana (Juan 4), va una y otra vez a buscar agua del pozo que no quita la sed, hasta que Jesús le dio de beber y llenó su ser de plenitud.

Ahora, en la posmodernidad, se duda de los logros de la modernidad debido a los fracasos sufridos en ese periodo, como la Primera y la Segunda Guerra Mundial. Se prioriza la cultura de la iconósfera, donde importa más la experiencia, lo que no cuesta tanto esfuerzo y lo que da satisfacción momentánea; donde prevalecen los sentimientos y el pesimismo. Los jóvenes posmodernos pierden la confianza en el progreso y sienten decepción al no ver que las cosas puedan cambiar; el futuro se tiñe de incertidumbre y desesperanza. Se encuentran destinados a vivir en un ahora en la inercia de la vida, eso que algunos llaman «flojera» o «aburrimiento»; una existencia sin ganas de disfrutarla y que no da sentido. Van sumergiéndose en una individualidad que los distancia de aquellos aspectos importantes y que los aísla de personas significativas; se vuelven indiferentes y quedan sin ninguna probabilidad de progreso ni felicidad.

En busca de sentido

Gilles Lipovetsky, filósofo y sociólogo francés, en su obra *La era del vacío*, expone a esta sociedad como nihilista:

> El nihilismo (del latín *nihil*, «nada») es el rechazo de todos los principios religiosos y morales, a menudo en la creencia de que la vida no tiene sentido. Esta filosofía suele presentarse como un asunto existencial, forma en la que se sostiene que la vida carece de significado objetivo, propósito, o valor intrínseco.[6]

El consumo de la edad del vacío lleva a que el individuo esté profundamente centrado en la satisfacción, perdiendo todo sentido del ser y de la felicidad. Este nuevo hombre se centra solo en lo externo, la apariencia, la fama, el poder y el dinero, por lo que acaba perdiéndose a sí mismo, generando esa sensación de vacío y soledad que lo lleva a la desesperación e, inclusive, al suicidio.

Tal experiencia fue la de Salomón quien después de tener una vida de placeres, poder y satisfacciones, reflexiona en sus últimos años y concluye que todo fue vanidad. Esto le permite compartir la clave para encontrar sentido a la existencia humana: «Acuérdate de tu Creador en los días de tu juventud» (Eclesiastés 12:1). Este rey concluye que el origen de todo propósito, de toda satisfacción, de todo significado existencial, está en mirar al punto de inicio que es el Creador. A la luz del hecho de que nada bajo el sol puede satisfacer el corazón humano, recalca la importancia de que vuelvas a Dios para alcanzar la plenitud y puedas ver un horizonte prometedor.

Hay tres preguntas claves que debes responder para encontrarle sentido a la vida:

- ¿de dónde vienes? (origen),
- ¿quién eres? (razón de existencia),
- ¿a dónde vas? (propósito).

Estas preguntas tienen respuesta si pones a Dios como punto de referencia; si lo olvidas o lo dejas fuera de tu experiencia, quedarán incompletas ya que: «de la Roca que te creó te olvidaste; Te has olvidado de Dios tu creador» (Deuteronomio 32:18). Los «qués» nos hablan de aquello que compone la existencia, es el «porqué», lo que Él nos ofrece, el pegamento por lo cual vivimos y una interpretación más amplia de por qué estamos aquí. El filósofo y matemático francés Blaise Pascal dijo: «En el corazón de todo hombre existe un vacío que tiene la forma de Dios. Este vacío no puede ser llenado por ninguna cosa creada. Él puede ser llenado únicamente por Dios, hecho conocido mediante Cristo Jesús».

Salomón pone en tela de juicio la creencia sobre la poca madurez de los jóvenes para tomar buenas decisiones. En la cultura judía, la edad de un varón responsable ante Dios era a los 13, y para la mujer a los 12. Esto muestra que sí pueden responder de manera positiva a los desafíos cuando son bien formados y se les brinda espacio para desarrollar sus ideas. También da ejemplo de que es posible tener una juventud con sentido, la cual armoniza con los propósitos de Dios. En el poema «Canción de otoño en primavera», Rubén Darío escribe: «Juventud, divino tesoro, ¡ya te vas para no volver!». Esta es una realidad que cada uno experimentará, pues en el ciclo del desarrollo humano hay que pasar de una etapa a otra. La vida es un activo valioso que puedes perder en actividades pasajeras, las cuales solo brindan satisfacción instantánea.

Así hizo el hijo pródigo, quien: «desperdició sus bienes viviendo perdidamente» (Lucas 15:13). Se llevó de su hogar lo único que consideró valioso, su dinero, y tampoco lo usó de manera sabia. ¿Qué es lo más valioso que tienes? La vida es tu mayor bien y, si la derrochas, puede que te cueste recuperarla: «Y cuando todo lo hubo malgastado, vino una gran hambre en aquella provincia, y comenzó a faltarle» (Lucas 15:14). «Comenzó a faltarle»... Este joven, en su amarga experiencia, tenía que reconocer que la vida sin Dios producía más pérdidas que ganancias. Sin embargo, trató de llenar ese vacío con nutrientes ineficaces: «Y fue y se arrimó a uno de los ciudadanos de aquella tierra, el cual le envió a su hacienda para que apacentase cerdos» (Lucas 15:15). Ninguna alternativa humana, ningún proyecto de este mundo, ningún trabajo o profesión pueden llenar completa y eficazmente ese faltante.

Cuando la esperanza desaparece, la vida se nubla y se van los motivos para vivir; es ahí cuando experimentas tu conflicto existencial, el cual puede favorecer el descubrimiento de lo más importante para tu vida. Comprende que tus fuerzas son limitadas, que la energía acaba y que, si la desperdicias en asuntos menos vitales, la puedes perder para lo que sí es relevante. Llega el momento de la fragilidad donde aquel ímpetu de conquistar el mundo desaparece ante las batallas que has tenido que pelear. Cuando llegue el instante en que se apaguen las risas de la diversión, los gritos de la independencia, la llama de los placeres, las voces de algarabía y se vaya la vida en un momento, te darás cuenta, como el hijo prodigo, que después de haber pedido y disfrutado la herencia, lejos de casa y del Padre, al final te puedes hallar en un estanque de cerdos, en soledad y valorando lo que tenías antes desde una perspectiva diferente.

Dice Eclesiastés 12:6: «antes que la cadena de plata se quiebre, y se rompa el cuenco de oro, y el cántaro se quiebre junto a la fuente». Este es el panorama para quien malgasta su vida, por eso el sabio aconseja:

> Alégrate, joven, en tu juventud, y tome placer tu corazón en los días de tu adolescencia; y anda en los caminos de tu corazón y en la vista de tus ojos; pero sabe, que sobre todas estas cosas te juzgará Dios... porque la adolescencia y la juventud son vanidad.
>
> Eclesiastés 11:9-10

Aprovecha cada momento de la vida en lo que es significativo, lo que construye y lo que está en armonía con un propósito trascendente. Busca la plenitud y tu esencia en la compañía de Dios. Salomón incluye la alegría, el placer y la libertad de acción como activos importantes de la juventud, pero solo serán beneficiosos si están en armonía con las intenciones divinas.

El sentido existencial comienza y termina en el Creador, por lo que solo podremos estar plenos con lo que nutre y completa el ser, porque: «Teme a Dios, y guarda sus mandamientos; porque esto es el todo del hombre» (Eclesiastés 12:13). Si haces de Dios tu amigo y parte de tu caminar, podrá llenar tus vacíos, fortalecer tu debilidad, dar razones para vivir, marcar un rumbo en propósitos y te mostrará un futuro con esperanzas.

Salomón concluye que recordar al Creador implica estar en armonía con Él, atesorar y valorar sus palabras y recomendaciones, y darle un lugar en tu vida. Así, el discurso final como la propuesta más sensata es vivir al lado de Dios. De esta manera encontrarás el significado verdadero de la vida, la seguridad en medio del caos, el secreto para la plenitud y la paz. Se te presenta, entonces, el desafío de vivir con integridad, alimentarte de lo eterno, acercarte a Jesús y disfrutar en tu juventud de los beneficios de su reino.

Desafío 9: ¿Con qué intentas llenar o resolver tus vacíos y frustraciones? Reflexiona en cómo, a pesar de esos sentimientos, puedes llevar una vida con propósito.

La cual operó en Cristo, resucitándole de los muertos y sentándole a su diestra en los lugares celestiales, sobre todo principado y autoridad y poder y señorío, y sobre todo nombre que se nombra, no solo en este siglo, sino también en el venidero; y sometió todas las cosas bajo sus pies, y lo dio por cabeza sobre todas las cosas a la iglesia, la cual es su cuerpo, la plenitud de Aquel que todo lo llena en todo.

Efesios 1:20-23

1   Nietzsche, F. (1882). *La gaya ciencia*, sección 125. Consultado en guao.org.sección 125. Consultado en guao.org.

2   Cruz, A. (2002). *Postmodernidad: El Evangelio ante el desafío del bienestar*. Editorial CLIE, p. 63.

3   Shaeffer, F. (1968). *The God who is there*. Hodder and Stoughton, p. 92.

4   McDowell, J. y Hostetler, B. (1996). *Es bueno o es malo*. Editorial Mundo Hispano, p. 42.

5   Melgosa, J., y Fidanza, L. (s. f.). *Un corazón alegre*. Pacific Press Publishing Association, p. 13. https://adventistbookcenter.com/amfile/file/download/file/672/product/9528/.

6   Cosmopolita - Siglo XXI (27 de febrero del 2019). «El nihilismo». Recuperado el 31 de enero del 2023. https://www.facebook.com/watch/?v=292469444765723.

10

Desafiados para la hora decisiva

*Mira cómo una sola vela puede desafiar
y definir la oscuridad.*
Ana Frank

Nos enfrentamos a una sociedad que ha creado un marco estrecho de vida. Cuando pasan situaciones que no encajan dentro de ese marco, nos sentimos frustrados y rebasados. Esa fue mi experiencia después de decidir ser cristiano y encontrar una iglesia que me diera ese sentido de pertenencia. Tal decisión alejó a gran parte de mis amigos, ya que no comprendían mi nueva vida; nuestras agendas y propósitos cambiaron, y simplemente ya no compartíamos los mismos intereses. Estas experiencias no son tan fáciles de asumir para un joven: cuando la experimenté, me sentí como un barco de papel en medio del mar. Allí encontré un ancla que me llevó a una experiencia espiritual de devoción y fe, la cual me ha hecho sacar lo mejor de mí. En cada momento he estado seguro de que, para esta hora, sea cual fuere, Dios me había llamado.

¿Cómo reconocerían que eres un verdadero cristiano? En un autobús, se suben diferentes personas las cuales te pueden indicar su fe religiosa con solo verles. Si vieras que suben dos jóvenes con camisa blanca, pantalones negros y mochila, sabrías que son mormones; si sube una pareja con revistas en las manos, corbata y paraguas, son testigos de Jehová; entra ahora una señora mayor con un crucifijo en la mano, dirías que es católica; y, por último, pasa una pareja vestida a la usanza de 1800, los reconoces como amish. Pero si subieras tú, ¿qué te identifica como creyente? Más allá de las formas externas, hay un propósito para cada cristiano, como colaborador, en mostrar el carácter del amor de Dios.

Nunca ha sido el plan divino que hagamos *guettos* de nuestra fe, sino más bien que hace el llamado para ser una luz en medio de la oscuridad. Las palabras de Jesús: «No ruego que los quites del mundo, sino que los guardes del mal. No son del mundo, como tampoco yo soy del mundo» (Juan 17:15-16). Y agrega: «como tú me enviaste al mundo, así yo los he enviado al mundo» (vs. 18).

Su deseo no era que sus seguidores se aislaran de la sociedad, sino que, en medio de ella, pudieran llevar las buenas noticias de esperanza, de transformación y de ayuda. Como cristianos, pueden vivir en medio de una cultura y de diferentes sistemas, pero no ser parte completamente de estos; esta será la forma en que marquen la diferencia. Hay una misión para ustedes: «Yo los he enviado al mundo»; pero no hay que olvidar que tu: «ciudadanía está en los cielos, de donde también esperamos al Salvador, al Señor Jesucristo» (Filipenses 3:20).

Como cristiano en este escenario puedes decidir interactuar entre dos posiciones polarizadas: la primera es tener un distanciamiento de la sociedad donde procuras vivir, al margen de las personas que piensan y creen diferente; la segunda es considerar que tu misión es una campaña destinada a imponer el cristianismo. Lo más sabio es optar por el equilibrio, donde compartir tu fe es parte de una dinámica amistosa, una bendición para los demás, sin afectar o perder tu identidad ni ser invasivo en el espacio de otros. En este contexto desafiante, debes estar preparado para lidiar con las burlas (2 Pedro 3:3), ser tolerantes ante la discriminación y persecución (2 Timoteo 3:12), gestionar el rechazo (Lucas 9:52-53) y la incomprensión (1 Corintios 1:18).

Brillar a pesar de la oscuridad

La joven Ester tuvo un propósito de bendición para su pueblo y para manifestar el poder de Dios ante el Imperio persa. Tras el decreto del rey Ciro de regresar del exilio babilónico y reconstruir su nación, algunos judíos deseosos de servir a Dios volvieron a su tierra. La gran mayoría decidió quedarse y así evitar las penurias del regreso y de la reconstrucción.[1] Fueron colocados ante el desafío de tomar decisiones que marcarían la dirección de su futuro. Por esto era necesario hacer una evaluación de su realidad, donde quedarse en Babilonia implicaba comodidad pero también peligro. Lo que Dios indicaba parecía ser la alternativa menos viable, pero para ellos era la garantía de seguridad y prosperidad.

Dentro de esta historia encontramos a Ester y Mardoqueo, primos que vivían en Susa, capital del Imperio persa. Ambos eran hijos de dos cautivos que Nabucodonosor había trasladado a Babilonia. El nombre hebreo de esta heroína era Hadasa o Mirto, que es una planta cuya característica principal es que su hoja se mantiene siempre verde. El nombre persa Ester significa 'estrella' porque Dios la llamó para alumbrar, dar calor y resplandecer en medio de la oscuridad y los peligros. Ella fue como un rayo de luz que dio testimonio de su fe y de sus convicciones. Dios le dio una mente clara y llena de sabiduría para asumir el riesgo de vivir bajo una amenaza de muerte, para tomar decisiones acertadas y mantener la confianza en su cuidado. El papel de esta doncella era iluminar y reverdecer en medio de una cultura en tinieblas y dar testimonio de la grandeza de Dios, tal como Jesús dijo: «Así alumbre vuestra luz delante de los hombres» (Mateo 5:16).

También aparece un personaje disonante que tiene un plan distinto al de Dios: «Asuero engrandeció a Amán hijo de Hamedata agagueo, y lo honró» (Ester 3:1). Amán era descendiente del rey amalecita Agag, vencido por Saúl (1 Samuel 15:32-33).[2] Este hombre albergó sentimientos de odio durante mucho tiempo hacia los judíos porque habían derrotado a los amalecitas y dado muerte a Agag.[3] Es un desafío alumbrar en un ambiente donde las personas son dominadas por la frustración, el odio, la hostilidad, la intolerancia y el rechazo. Esas tinieblas emocionales y espirituales dañan y confunden; es allí donde se necesitan luminarias que las disipen al manifestar una fe estable, la esperanza, la bondad, la compasión y la misericordia. La luz tiene como objetivo poner de manifiesto el amor y el poder de Dios en medio de las oscuras intenciones del mundo rebelde, y así resplandecer para traer paz y seguridad a muchos.

Amán consiguió un decreto donde todos tenían que arrodillarse ante él, incluyendo los judíos. La mayoría siguió lo establecido por la cultura dominante, pero Mardoqueo no lo hizo así por su creencia religiosa de solo postrarse ante Dios. Dice el texto: «Y todos los siervos del rey que estaban a la puerta del rey se arrodillaban y se inclinaban ante Amán (...); pero Mardoqueo ni se arrodillaba ni se humillaba» (Ester 3:2). ¿Qué convicción tan profunda se necesita tener para no ceder en situaciones críticas y de riesgo personal? Ante esta actitud decidida, los siervos del rey lo encomiaron diciéndole: «¿Por qué traspasas el mandamiento del rey?» (vs. 3). Había una orden establecida por un monarca terrenal que no se podía abolir; sin embargo, había otra ley superior: «Al Señor tu Dios adorarás» (Mateo 4:10). Hay circunstancias que tratarán de doblegar tus rodillas, será, entonces, el escenario donde podrás mostrar tu verdadero compromiso con Dios.

Para esta hora han sido llamados

El liderazgo contagioso de Mardoqueo influyó en que muchos judíos determinaran no obedecer las leyes del rey Asuero en cuanto a la idolatría: había un pueblo cuyas leyes eran diferentes y no seguían las leyes del rey (Ester 3:8). Amán reconoció la diferencia e instigó al rey a desaprobar las actitudes de rebeldía a sus decretos. Cuando actúas en coherencia con lo que crees, tus acciones generarán una reacción en cadena que llamará la atención a pesar de los detractores. Tus creencias se convierten en la fuerza motora que influye en los demás, pero también causarán incomprensión y reacción con consecuencias, como ante el decreto de muerte firmado por el rey: «... con la orden de destruir, matar y exterminar a todos los judíos» (Ester 3:13). El momento crítico te pone frente a tu propósito de vida: «¿Y quién sabe si para esta hora has llegado al reino?» (Ester 4:14). La hora de Ester llegó. ¿No será que también ha llegado la tuya para resplandecer?

Ester responde al difícil momento asumiendo el llamado de Dios y su responsabilidad con su gente (Ester 4:16). Decide presentarse ante el rey, aunque hacerlo sin invitación acarreaba una pena de muerte casi segura. Ambos claman primero a un rey poderoso y compasivo, lo buscan con actitud humilde y sincera: «Ayunad por mí (...); yo también con mis doncellas ayunaré igualmente, y entonces entraré a ver al rey (...); y si perezco, que perezca» (Ester 4:16). La película *Resistencia* narra la historia de un grupo de judíos que huye del ejército de Hitler. En una escena, se describe el momento donde venía el ejército nazi detrás y, frente a ellos, había un río casi imposible de cruzar. Un joven se acercó al líder y le dijo: «Dios no va a separar las aguas esta vez, tenemos que avanzar con nuestras fuerzas». Al cruzar el río, un rabino le dijo a uno de ellos: «Casi había perdido mi fe, pero ahora entiendo que Dios te ha utilizado para traernos salvos hasta aquí».

Aunque Dios no abra el mar literalmente, en algunas ocasiones te ordena marchar para que cumplas tu propósito. La joven Ester tenía un dilema: permitir la destrucción de su pueblo o avanzar confiada en la liberación que haría Dios. Reconoció que, a la hora de dar ese paso de fe, había llegado su momento, que el sentido de su vida estaba por comenzar. Cuando se presentó delante del rey, suplicó: «Porque ¿cómo podré yo ver el mal que alcanzará a mi pueblo? ¿Cómo podré yo ver la destrucción de mi nación?» (Ester 8:6). Ella fue movida a la acción y consiguió el favor del rey para liberar a su pueblo de la muerte. Uno de los factores que influyen en el fracaso espiritual de los jóvenes es la inactividad en la misión: Dios mueve a la acción a sus seguidores y su orden es marchar, no ser meros espectadores.

Gracias a la intervención de Ester, la luz había llegado al imperio, su testimonio había tocado los corazones: «Y muchos de entre los pueblos de la tierra se hacían judíos» (Ester 8:17). ¿Para qué hora te ha llamado Dios? ¿Será para está? No puedes ser indiferente a los desafíos sociales o culturales; no creas que escaparás si permites que las tinieblas sigan reinando en este mundo. Ha llegado el tiempo de resplandecer en el escenario que vivas y que, al hacerlo, confíes tu vida a Dios. Toma el papel protagónico de reverdecer y alumbrar en todo momento; no dobles tus rodillas ante las filosofías, prácticas ni creencias contrarias:

preséntate ante el verdadero rey y declara a las naciones tu compromiso y adoración para Él.

Desafío 10: ¿Cuáles son tus dos mayores miedos actuales? ¿Qué situación te rebasa o asfixia? ¿Con qué o quién(es) cuentas para hacerles frente?

> *Levántate, resplandece; porque ha venido tu luz,*
> *y la gloria de Jehová ha nacido sobre ti. Porque he aquí*
> *que tinieblas cubrirán la tierra, y oscuridad las naciones;*
> *mas sobre ti amanecerá Jehová, y sobre ti será vista su gloria.*
> *Y andarán las naciones a tu luz, y los reyes al resplandor*
> *de tu nacimiento.*
> Isaías 60:1-3

---

1   G. White, E. (1957). *Profetas y reyes*. Pacific Press Publishing Association, p. 441.
2   Comentario bíblico, Ester 3:1.
3   MacArthur, J. (2012). *Doce héroes inconcebibles*. Grupo Nelson, p. 151.

11

Desafiados a ser protagonistas

Todas las situaciones críticas tienen un relámpago
que nos ciega o nos ilumina.
Víctor Hugo

En mi adolescencia, mi mayor miedo fue tener que enfrentar al chico más fuerte y grande de mi cuadra, quien me persiguió por más de un año sin razón aparente. Cuando regresaba de la escuela, buscaba el momento adecuado para no encontrarlo en mi camino; a veces tuve que esperar más de una hora para llegar a casa. Pero un día, me armé de valor: decidí enfrentarlo porque era insoportable vivir continuamente en esa situación de temor. Me sentí listo para la batalla. Aquella vez me convertí en el protagonista dentro de los conflictos de mi vida: terminé venciéndolo y terminó su acoso sobre mí. Tarde o temprano llega el tiempo donde no podemos seguir evitando nuestras luchas; cuando te des cuenta de esto, te alistarás y, con la ayuda de Dios, saldrás victorioso de tus perseguidores.

En esta cultura dinámica, exigente y de cambios rápidos, el ser humano ha avanzado en conocimiento, ciencia y tecnología. También se nota el descenso estrepitoso de la práctica religiosa, el rechazo a las instituciones, a la jerarquía y las normas referidas a este aspecto. Dios ha sido relegado a un concepto, tal vez, insignificante o que requiere redefinirse. La mente de la sociedad actual está llena de diversas filosofías y creencias que socavan la fe bajo conceptos y costumbres pasadas. La mente posmoderna tiene una percepción muy diferente sobre Dios debido a su nivel de conciencia sobre el mismo; esto ha traído una variedad cultural que ha originado una emancipación en todas las áreas, lo que afecta la moral y la armonía de las personas.

La muy conocida frase «a rey muerto, rey puesto» se refiere a la ocupación de cada puesto vacante por un sustituto. Se cree que se originó en una anécdota de la guerra de la sucesión española, cuando Felipe V sitió la ciudad de Barcelona y parte del país estaba en poder de su enemigo, el archiduque Carlos de Austria. Cuando el monarca decidió luchar, sus soldados, al ver que corría riesgo, lo encomiaron a que no lo hiciera ya que «rey no hay más que uno». A lo que el valiente monarca contestó: «Otro habrá. A rey muerto, rey puesto». Este dicho se cumplió en un acontecimiento de la historia de Israel, cuando pidieron un rey como los otros pueblos, solo que el soberano no estaba muerto.

Producto de un vacío de autoridad, los ancianos le plantearon al profeta Samuel un cambio de gobierno: «He aquí, tú has envejecido, y tus hijos no andan por tus caminos; por tanto, constitúyenos ahora un rey que nos juzgue, como tienen todas las naciones» (1 Samuel 8:5). Decidieron aprovechar esta discrepancia moral de los hijos de Samuel para recriminarlo y, de cierta manera, presionarlo para que les concediera algo que necesitaban desde hace mucho tiempo. Dios había mencionado la posibilidad de establecer un monarca: «ciertamente pondrás por rey sobre ti al que Jehová tu Dios escogiere» (Deuteronomio 17:15). Ellos pedían un nuevo sistema de gobierno con la idea de un cambio en la organización, la defensa y la prosperidad, cuando lo que necesitaban era mostrar una fe completa para someterse al liderazgo de Dios: así, habrían prosperado más allá de sus expectativas (Deuteronomio 28:1). De la misma forma, la juventud moderna parece clamar por «reyes» que satisfagan sus deseos y suplan los vacíos que se producen por la supuesta ineficacia de Dios.

Las consecuencias futuras de esta alienación del pueblo con Dios traería, como resultado, que fueran gobernados por un paranoico, un adúltero, un megalómano y, solo tres generaciones después, la nación sería dividida por la actitud desmedida del cuarto rey.[1] La identidad del pueblo de Israel, al salir de Egipto, se diluyó gradualmente hasta llegar al punto cero: pasaron de una generación que conocía a Jehová, a una que lo desechó como rey. Esta historia de liberación, conquista, ambivalencia y rechazo plantea reflexionar, de manera profunda, sobre los desafíos del cristianismo de nuestro tiempo. A pesar de los intentos de la humanidad por destronar a Dios, Él reina y está sentado en su trono, teniendo el control de todos los asuntos humanos.

Desafiados por el rey

El 14 de febrero de 2018, un joven de 19 años llamado Nikolas Cruz, asesinó a 17 personas, entre alumnos y profesores. Esto ocurrió en la escuela secundaria Marjory Stoneman Douglas en Florida, estaba armado de una AK-15. El joven activó la alarma de emergencias para dispararles a quemarropa a quienes salían presa del pánico. Este es solo uno de los miles de sucesos catastróficos que ocurren a diario en el mundo y son parte de los desafíos que los jóvenes enfrentan.

Las siguientes son estadísticas que muestran la debacle moral que vive la sociedad moderna: de los 28 millones de adolescentes que viven en los Estados Unidos de Norteamérica, diariamente 1000 adolescentes solteras se convierten en madres, 1106 tienen un aborto, 4219 contraen enfermedades venéreas, 500 comienzan a usar drogas, 1000 empiezan a tomar bebidas alcohólicas, 3160 son asaltados, 80 son violados, 2200 abandonan sus estudios y 6 se suicidan.[2]

Estamos ante una tormenta perfecta de crisis morales, de valores, sociales, emocionales, espirituales y políticas, las cuales incrementan porque los responsables en guiar a la juventud fallan en la formación; las instituciones se han vuelto ineficaces, las iglesias han disminuido su influencia. Jóvenes y adolescentes han quedado desprovistos de referentes que les den confianza y les faciliten el tener convicciones propias, saber el lugar que ocupan en el mundo. Dentro del caos reinante puedes ejercer la libertad para descubrir tu identidad y tu propósito de vida: aunque te angusties y sientas incertidumbre o confusión, dentro de esos escenarios aún hay una luz que te guía. Veamos el ejemplo del joven Isaías, quien hace siglos (740-739 a. C.) estuvo conmocionado por los desafíos de la profunda crisis que enfrentaba su nación. Con angustia, se acercó al templo en busca de respuestas, llorando, con sus desilusiones y conflictos. En este escenario recibió la visión de la gloria de Dios para cambiar la situación y dar respuestas a los tres desafíos que agobiaban al pueblo.

El primer desafío que enfrentó Isaías fue la muerte del rey Uzías, de quien se dice que era su primo y por eso el profeta le tenía admiración. La crisis política se daba porque no había nadie que dirigiera la nación, algo parecido a lo que vivieron los norteamericanos ante el asesinato del presidente J. F. Kennedy. Este rey fue coronado muy joven (2 Crónicas 26:1), propició reformas sociales, políticas y militares que trajeron prosperidad durante su mandato de 52 años, su éxito se debió a que: «Y persistió en buscar a Dios en los días de Zacarías, entendido en visiones de Dios; y en estos días en que buscó a Jehová, él le prosperó» (2 Crónicas 26:5). El secreto de las grandes reformas, de la prosperidad espiritual y personal, es el desarrollo de una experiencia de confianza en Dios. Cuando permitan que Jesús sea parte de lo que hacen, serán fortalecidos y tendrán un fundamento sólido que les dará estabilidad y bendición.

Ante el vacío de poder, Isaías tuvo la percepción de que nadie sería capaz de sustituir al rey. Ese fue el año en que murieron muchas ilusiones de este joven: su esperanza de seguridad había desaparecido y todo le parecía sin sentido. Algo parecido sintieron los discípulos en el camino a Emaús por la decepción que tenían ante la muerte del supuesto rey de Israel: «pero nosotros esperábamos que él era el que había de redimir a Israel» (Lucas 24:21). Y es que hay vacío y decepción cuando se pierde la confianza en las personas e instituciones. Nos vemos marcados por una gran frustración que lleva al desaliento y a la angustia. Es en este momento cuando puedes escudarte en el único Dios que puede sostener y guiar ante los desafíos, y renovar las ilusiones de la vida.

Al profeta se le confirmó la seguridad y confianza en el verdadero Rey: «En el año que murió el rey Uzías vi yo al Señor sentado sobre un trono alto y sublime» (Isaías 6:1). Isaías renovó su esperanza al ver sentado en el trono al verdadero Rey y Soberano mismo del universo. Dios es el único que ofrece seguridad completa y no falla, aunque las circunstancias sean adversas. A Juan también se le presentó una visión sobre la morada de Dios, donde se le dio el mismo mensaje de seguridad y optimismo ante los terribles acontecimientos futuros: debía ver y confiar en el que está sentado en el trono (Apocalipsis 4:2). Dios tiene en sus manos tu historia, con Él no hay batalla perdida ni asunto fuera de control. Nada escapa a la atención de sus ojos escrutadores porque tiene cuidado de ti: «Jehová tiene en el cielo su trono; Sus ojos ven, sus párpados examinan a los hijos de los hombres» (Salmos 11:4).

¿Quieres saber quién es el rey? El salmo 24 responde esta inquietud: «¿Quién es este Rey de gloria? Jehová el fuerte y valiente, Jehová el poderoso en batalla» (Salmos 24:8). Isaías comprendió que no tenía de qué preocuparse porque, aunque el rey terrenal había muerto, la nación estaba dirigida por «el soberano de los reyes de la tierra» (Apocalipsis 1:5). Ni él ni el pueblo estaban sin gobierno pues la vida misma presenta experiencias que desencadenan la sensación de caos y pérdida de control; mas el verdadero Rey no muere ni falla, está siempre dispuesto a luchar al lado de ustedes en cada conflicto. Para ello tienen que conocerlo y estar convencidos de su soberanía y autoridad: ustedes ya pertenecen a ese reino con un monarca que siempre velará por la seguridad de su pueblo y cuyo fundamento es la justicia y la paz.

Para el segundo desafío, tenemos la amenaza de los asirios con un ejército preparado para atacar y aniquilar a Judá. Uzías había inventado máquinas de guerra sofisticadas y eso detuvo el avance de los enemigos. Ante su muerte, la nación quedó desprotegida y no había un liderazgo que asumiera la seguridad nacional. Esta crisis militar no sería fácil de asumir, por lo que la nación estaba temerosa y a punto de ser invadida por Tiglat-pileser con sus campañas contra el pueblo. El joven profeta se sentía amenazado y, en su angustia, clamó a Dios por protección ya que no sabía cuál sería la suerte de Judá. Job también se sintió temeroso ante su crisis y exclamó: «Porque el temor que me espantaba me ha venido, Y me ha acontecido lo que yo temía» (Job 3:25).

Sentir temor o miedo ante una circunstancia amenazante es normal, aunque no se puede permanecer en ese estado porque secuestra toda la voluntad para generar alternativas, como la de tener un aliado poderoso que comanda los ejércitos divinos y que está a tu favor, aunque a veces trabaje de formas distintas a las tuyas. El siervo de Eliseo también sintió miedo al enfrentar a los asirios:

> Y se levantó de mañana y salió el que servía al varón de Dios, y he aquí el ejército que tenía sitiada la ciudad, con gente de a caballo y carros. Entonces su criado le dijo: ¡Ah, señor mío! ¿Qué haremos?
>
> 2 Reyes 6:15

A lo que Eliseo respondió: «No tengas miedo, porque más son los que están con nosotros que los que están con ellos» (2 Reyes 6:16). Es más aquello que está a favor que en contra, pero lo segundo impacta más sobre tu vida.

La respuesta de Dios fue animar a Isaías a tener confianza. Uno de los ángeles en la visión declaró: «Jehová de los ejércitos; toda la tierra está llena de su gloria» (Isaías 6:3). El defensor se presenta como Jehová de los ejércitos y no hay por qué temer, ya que el verdadero comandante no era el rey Uzías sino el mismo Dios. Esta descripción mostraba que era su Rey y como comandante del ejército nunca había perdido una batalla: «así dice Jehová acerca del rey de Asiria: No entrará en esta ciudad (...) Porque yo ampararé a esta ciudad para salvarla» (Isaías 37:33,35). ¡Qué seguridad! Cada vez que enfrentes tus desafíos, pequeños o extremos, donde los «asirios» te rodean sin piedad, allí estará tu

Defensor aliado, quien responderá ante las inseguridades y los temores que puedas tener o sentir. Aunque sean fuertes y parezcan invencibles, recuerda: «Si Dios es por nosotros, ¿quién contra nosotros?» (Romanos 8:31).

En el tercer y último desafío, se presenta la crisis moral y social que afectaba al pueblo de Israel: «Entonces dije: ¡Ay de mí! que soy muerto; porque siendo hombre inmundo de labios» (Isaías 6:5). Isaías reconoce la condición del pueblo que, atrapado por la inmoralidad y estando apartado de Dios, mostraba una sociedad marcada por la injusticia, los pobres desamparados y el dominio del desenfreno y la idolatría. No se excluyó de esa condición porque se consideraba pecador y tenía conciencia de la posible no intervención de Dios. La actualidad no tiene mucha diferencia con este escenario: tenemos una crisis profunda de valores y creencias, el aspecto espiritual personal está amenazado por las múltiples distracciones, alternativas emergentes y diferencias culturales.

De la fuente de la gracia de Dios vino la solución al problema de inmoralidad. Isaías recibió el perdón y la seguridad que lo capacitaron para su misión:

> Y voló hacia mí uno de los serafines, teniendo en su mano un carbón encendido, tomado del altar con unas tenazas; y tocando con él sobre mi boca, dijo: He aquí que esto tocó tus labios, y es quitada tu culpa, y limpio tu pecado.
>
> Isaías 6:6-7

Hay una provisión suficiente de gracia y perdón para que las culpas y cargas de pecado queden liberadas. ¿No te da confianza el saber que tu Rey y Salvador puede resolver cualquier circunstancia de tu vida? ¿Cómo vas a buscar otro rey falible que no te dé las mismas garantías? Enfrenta los desafíos de la vida de la mano de Aquel que está sentado en el trono, que es poderoso en batalla y que siempre tendrá las tenazas para quitar aquello que te aparta de Él.

Una vez aclarada la situación y respondidas las inquietudes, Dios tiene también una preocupación. Ahora es Isaías quien tiene la respuesta: «Después oí la voz del Señor, que decía: ¿A quién enviaré, y quién irá por nosotros?» (Isaías 6:8). A pesar de las crisis política, social y espiritual, Dios le hace un llamado directo a este joven. Él ha comprendido el mensaje y confía en un Rey verdadero que tiene el control de todo; se sentía seguro en las manos de su Comandante y perdonado por su Salvador. Ante este escenario, responde comprometido: «Heme aquí, envíame a mí» (Isaías 6:8). «Heme aquí» indica seguridad y confianza, y «envíame a mi» servicio y cumplimiento por la misión. Estás ante la realidad de tu vida donde enfrentas desafíos culturales, sociales, emocionales, personales y espirituales, con la seguridad de que Dios está de tu parte y enviará la ayuda necesaria para aclarar tus dudas, aliviar tus temores y darte la fuerza para enfrentar las batallas.

Desafío 11: Si pensaras en algo que se ha convertido en tu perseguidor actualmente, ¿cómo crees que pudieras asumir el protagonismo de tu vida? ¿En cuál aspecto de tu vida necesitas incrementar ser protagonista?

Alzad, oh puertas, vuestras cabezas, Y alzaos vosotras, puertas eternas, Y entrará el Rey de gloria. ¿Quién es este Rey de gloria? Jehová el fuerte y valiente, Jehová el poderoso en batalla.

Salmos 24:7-8

1   McDowell, J. y Hostetler, B. (1996). *Es bueno o es malo*. Editorial Mundo Hispano, p. 42.

2   Canavati A., S. H. (s. f.). *Adolescentes en llamas*. Recuperado el 9 de febrero del 2023. https://www.centroscomunitariosdeaprendizaje.org.mx/sites/default/files/adolescentes_juventud_en_llamas.pdf.

12

Desafiados a la resistencia

Nací líder, nunca seguidor. Nunca sentí la presión social.
Si el grupo va a la izquierda, yo voy a la derecha.
Deontay Wilder

Desde niño me he caracterizado por tener una personalidad bien definida y una identidad propia, lo que me dificultaba copiar patrones. Mi camino ha estado marcado por ir contra la corriente: no sigo modas, no escucho música porque sea tendencia. He aprendido a ejercer mi capacidad de elección y autonomía para considerarme libre. Vivir una vida cristiana me ha ayudado a comprender mejor la importancia de la identidad propia, porque hay situaciones donde perderás algunas cosas y, dentro de ellas, tendrás que conocer realmente quién eres, qué significa ser hijo o hija de Dios, y que nada es más valioso que seguir la ruta trazada por Jesús. Como jóvenes cristianos es necesario tener un modelo estable, seguro, perdurable y absoluto a seguir. Este debe ser quien guíe lo que tú deseas ver en el espejo.

Parte de la dinámica vivencial juvenil involucra las presiones culturales y sociales que sugestionan las mentes para adaptarlas a la nueva ola social, las cuales influyen en las respuestas o decisiones que hagan para ser inducidos a ceder y conformarse ante estilos de vida y diversas creencias, donde se expresan y adoptan patrones de conductas que confrontan los valores y las convicciones cristianas. Es un desafío para el cual lo mejor es desarrollar «una íntima relación con Dios y una estricta adhesión a la verdad bíblica frente a las dificultades y la presión del mundo».[1]

En la década de 1950, el psicólogo polaco Solomon Asch realizó un estudio sobre la conformidad y sus implicaciones en la conducta humana. Este experimento buscaba conseguir respuesta a la siguiente interrogante: ¿puede la gente resistir la presión de la mayoría para que acepte como verdadero algo que es falso? A los incautos se les suministró una tarjeta donde tenían que seleccionar algunos segmentos entre varias opciones. El psicólogo, posteriormente, pidió a cada participante, de forma individual, que seleccionara cuál segmento de línea era el correcto. En algunas ocasiones, toda la gente del grupo elegía la línea correcta pero, de vez en cuando, los demás participantes que eran parte del engaño ofrecían, unánimemente, una respuesta incorrecta: casi el 75 % de los participantes en los experimentos de conformidad estuvieron de acuerdo con el resto del grupo falso por lo menos una vez.

Este experimento te debe hacer reflexionar sobre la influencia que la presión grupal puede generar en la toma de tus decisiones. Esta sociedad es desafiante para los jóvenes cristianos: el camino está lleno de granadas que atentan contra la fidelidad y la integridad. Muchos han cedido a estas seducciones por no desarrollar convicciones firmes que le den la capacidad para no traspasar la línea de lo correcto. A las influencias y los modelajes que ejerce un grupo, cultura o sociedad sobre las personas se les denomina «presión grupal» o «principio de la conformidad»: es la fuerza negativa o positiva que ejerce un determinado grupo o cultura hacia una persona o entidad.[2] Se define como: «una coerción social ejercida sobre alguien para que adopte cierto tipo de comportamiento, o actitud a fin de ser aceptado en un determinado círculo».[3] A continuación, describiremos algunos argumentos para ceder a la presión social:

- **Estar de acuerdo con la mayoría para evitar el rechazo:** Es el temor irracional a exponerse, producto del miedo al rechazo, a no ser aceptados socialmente, con el fin de no correr riesgos y evitar experiencias dolorosas.

- **Todo el mundo lo hace:** Como «todo el mundo lo hace», entonces es una conducta permitida, donde se copian patrones y se crea una sensación de comodidad al nadar a favor de la corriente.

- **El individuo actúa motivado por el deseo de agradar o complacer:** La persona tiende a agradar a algún líder, persona o grupo en particular; se enfoca en la complacencia de gustos y deseos del otro para obtener aprobación.

- **Un poquito no hace daño:** Creer que lo importante no es el acto sino la frecuencia con el que se practica. El peligro de este pensar es que un poquito te puede llevar a algo más grande.

- **No quiero parecer alguien raro o diferente:** Algunos evitan pensar diferente porque implica ser expuestos como personas extrañas, que no les gusta divertirse o para evitar las críticas constantes.

- **Probar algo nuevo:** Experimentar nuevas sensaciones parece algo apasionante puesto que así no se miden riesgos y se puede ceder a prácticas peligrosas.

Formas de responder a la presión social

Para ampliar más este concepto de presión social y cultural, se describirán tres formas de responder ante este fenómeno:[4]

Conformidad

Se define como el proceso de influencia cultural o social por el que un individuo moldea sus opiniones, sentimientos y conductas de acuerdo a la posición sostenida por el grupo dominante. Marca una tendencia a cambiar el comportamiento, la actitud o la opinión para integrarse socialmente. En la psicología social, dicho concepto se refiere a la presión o la influencia social trasladada al sujeto, quien debe modificar su conducta y sus sentimientos para encajar según la posición o determinación de un grupo dado. Es decir, un cambio de conducta o creencia como resultado de una presión real o imaginaria. No solo es actuar como los demás actúan, sino hacerlo de forma diferente a como se haría si estuviéramos solos.[5]

Hay una diferencia entre conformidad, complacencia y obediencia. La primera radica en ceder a la presión y renunciar a la capacidad de criterio personal; la segunda, es el cambio de conducta, resultado de una petición directa; y la tercera, describe el cambio de conducta como resultado de una presión ejercida por una figura de autoridad.[6] Por eso se da este consejo: «Como hijos obedientes, no os conforméis a los deseos que antes teníais estando en vuestra ignorancia» (1 Pedro 1:14). No es conveniente conformarse a hábitos o prácticas dañinas que son parte del pasado; procura ejercer tu autonomía y voluntad para la toma sabia de decisiones. Reflexionemos en algunos casos de conformidad:

Un ejemplo de esto fue el caso de la relación del apóstol Pedro con los judaizantes respecto a la circuncisión, por lo que su colega Pablo lo enfrentó en Antioquía. Este le recriminó: «Si tú, siendo judío, vives como los gentiles y no como judío, ¿por qué obligas a los gentiles a judaizar?» (Gálatas 2:14). Pedro, en su afán de agradar tanto a gentiles como a judíos y evitar conflictos con ambos grupos, se amoldaba a algunas prácticas. En la misma carta a los Gálatas, Pablo escribió: «Pues, ¿busco ahora el favor de los hombres, o el de Dios? ¿O trato de agradar a los hombres? Pues si todavía agradara a los hombres, no sería siervo de Cristo» (Gálatas 1:10). Cuando toman parte de un bando o de otro pueden ser enemigos, ser rechazados o excluidos de alguno de ellos, así mismo sucede en la vida espiritual.

La actuación de la turba en el juicio de Jesús es un claro panorama de la conformidad para evitar estar en contra de la mayoría. Cuando fue presentado como un criminal, los acusadores buscaban condenarlo por blasfemia y el procurador romano insistía en soltarlo. Los fariseos, como líderes religiosos, usaron como opción el presionar a la multitud agolpada en el lugar. Entonces, decidieron intimidarlos para que demandaran la crucifixión de Jesús: «Pero los principales sacerdotes persuadieron a la multitud que pidiese a Barrabás y que Jesús fuese muerto» (Mateo 27:20). Pilato se ajustó a la mayoría: sintió temor de que esta revuelta llegara a oídos de Cesar y generase consecuencias políticas. La presión social puede modificar las convicciones personales para que actuemos conforme a las demandas de un grupo, aunque vaya en contra de nuestro beneficio. Amoldarse por temor, por manipulación, por perder privilegios no mantiene un clima de satisfacción y estabilidad.

Encontramos otro ejemplo sobre la conformidad cuando Nabucodonosor levantó una estatua de oro para que todos en su reino se postraran y la adoraran. Creó el ambiente acorde para ejercer una presión política y religiosa que buscaba minar la fidelidad de los hebreos; como resultado, la mayoría de estos príncipes judíos se postraron ante la imagen. También se vio otro escenario: «No todos habían doblegado la rodilla (...). En medio de la multitud de adoradores había tres hombres que estaban firmemente resueltos a no deshonrar así al Dios del cielo».[7] Al ver la fidelidad de estos tres jóvenes, el rey «por medio de amenazas procuró inducirlos a unirse con la multitud».[8]

No es fácil tomar decisiones cuando estás frente a amenazas o puedes perder privilegios o derechos. Pero cuando tienes convicciones y respondes a tus principios, y no por conformidad o conveniencia, te mantendrás del lado de tus valiosos ideales.

Identificación

Es el deseo del individuo de parecerse al modelo que intenta influir.[9] Es la necesidad de identificarse al grupo no tanto por obligación sino por propia disposición. La base de la identidad social se halla en la conexión que los miembros de una comunidad realizan con lo más característico y relevante del grupo. A ellos se les atribuyen estas características como rasgos propios que generan identidad; esta interacción refuerza la autoestima de la persona y le da sentido de pertenencia.

La experiencia del becerro de oro muestra cómo los israelitas se identificaron con la cultura egipcia, convirtiéndose en un grupo controlador. Así fue cómo presionaron a Aarón diciéndole: «Levántate, haznos dioses que vayan delante de nosotros» (Éxodo 32:1). Como Moisés había pasado días en el monte Sinaí y no sabían de él, pensaron que estaba muerto. Esta petición licenciosa fue producto de la multitud mixta que había aprendido costumbres y creencias de la religión egipcia, ante la cual Aarón cedió: «Y viendo esto Aarón, edificó un altar delante del becerro; y pregonó Aarón, y dijo: Mañana será fiesta para Jehová» (Éxodo 32:5). El escogido de Dios para el sacerdocio terminó subyugado ante una presión grupal: «Aarón temió por su propia seguridad; y en vez de ponerse noblemente de parte del honor de Dios, cedió a las demandas de la multitud».[10]

Aarón no estuvo a la altura del compromiso del líder en ausencia de Moisés. Leamos:

> Para hacer frente a semejante crisis hacía falta un hombre de firmeza, decisión, y ánimo imperturbable, un hombre que considerara el honor de Dios por sobre el favor popular, por sobre su seguridad personal y su misma vida. Pero el jefe provisorio de Israel no tenía ese carácter.[11]

Vemos puntos claves para no ser víctima de la presión social: desarrollar firmeza y valentía, mantenerte fiel a los principios, tener un ánimo estable y defender las normas de Dios por encima de cualquier interés personal.

La apostasía en Baal-peor ocurrió cuando Balac, el rey de Moab, decidió celebrar una fiesta en honor a sus dioses y concertó con Balaam que indujera a los jóvenes israelitas a asistir a las festividades: «Así acudió el pueblo a Baal-peor; y el furor de Jehová se encendió contra Israel» (Números 25:3). Entonces cedieron a la presión social de los moabitas, se conformaron y se identificaron con sus costumbres como consumir alcohol, escuchar música desconocida y ser seducidos por el baile de las mujeres. Este desenfreno los llevó a ser inducidos «a fornicar con las hijas de Moab, las cuales invitaban al pueblo a los sacrificios de sus dioses; y el pueblo comió, y se inclinó a sus dioses» (Números 25:1-2). La influencia del entorno puede llevarte a conductas con severas consecuencias, y puede comenzar con aceptar una simple invitación.

Así mismo es la vida porque el mal es como una cadena, pasas de un eslabón a otro hasta salirse de control. Ya que no puedes dominar el confrontar las influencias del mal en su propio terreno. Tus sentidos son susceptibles cuando te expones a las presiones externas sin la debida protección, que es blindada por los límites que pongas. Es necesario ser responsable de lo que recibe tu mente, observar la actitud o respuesta al entorno y a lo que te bombardea desde el exterior, ya que determinan las acciones y los hábitos. Puedes cuestionar la realidad y evaluarla para tener una actitud personal que te permita poner distancia para definirte de la multitud y de las reacciones inducidas. Desde la conciencia propia del presente vivencial, irás al futuro deseado. Posees capacidades que, puestas en acción, desarrollarán en ti una identidad genuina y una resistencia firme.

Internalización

Este proceso, a diferencia de la conformidad y la identificación, no busca de copiar un modelo ni agradar al grupo, sino que está motivado por el deseo de hacer lo correcto. Una vez aceptada, llega a ser parte del individuo y se manifiesta en presencia o ausencia de la persona.[12] Cuando la internalización de valores es efectiva, llega a ser una forma de resistencia social y funciona como un sistema de autocontrol, el cual conlleva a mantener los principios y las creencias. La presión de grupo perderá su influencia en la medida en que la parte intrínseca del ser esté fortalecida.

Así José internalizó la educación que aprendió de su padre Jacob, permitiéndole una respuesta efectiva ante las presiones que lo rodearon. Este proceso lo capacitó para no participar de la mala reputación de sus hermanos (Génesis 37:2) y para no aceptar la propuesta seductora de la esposa de Potifar (Génesis 39:12). Su actitud le dio la entereza para no contaminarse con los dioses de la cultura egipcia y mantener el legado de la identidad de su pueblo. José expresó el verdadero secreto por el cual logró desarrollar este tipo de fortaleza espiritual: «¿cómo, pues, haría yo este grande mal, y pecaría contra Dios?» (Génesis 39:9). Tu realidad moral y espiritual debe unir inseparablemente el hacer con el ser, para así desarrollar principios guiadores que faciliten el tomar decisiones adecuadas.

Durante la Segunda Guerra Mundial, un atleta que participó en los juegos olímpicos de Berlín 1936 fue hecho prisionero por los japoneses. Estuvo expuesto a la tortura de un oficial despiadado y apodado *El Pájaro*. Como forma coercitiva, el gobierno nipón le ofreció vivir una vida de abundancia y dejar el campo de tortura a cambio de desprestigiar por radio a los Estados Unidos. Algunos de sus compatriotas se vieron obligados, por su seguridad, a fallar en la lealtad a su país, pero este soldado prefirió la tortura que ceder a la presión de sus captores. Al final de la guerra, fue liberado junto a los demás prisioneros por el ejército norteamericano, lo que es un ejemplo de fidelidad y resistencia además de inspirar la película *Inquebrantable*.

En estas historias se levantaron jóvenes inquebrantables que no cedieron en sus convicciones. En la historia del becerro de oro, solo los hijos de Leví no participaron del culto idolátrico. En la crucifixión de Jesús, Juan y algunas mujeres que le servían decidieron acompañarlo a costa de sus vidas. En el campo de Dura, tres jóvenes sencillos no se postraron ante la imagen del rey. En la apostasía de Baal-peor, un israelita llamado Finees enfrentó al acto vergonzoso de Zimri, quien llegó con una mujer madianita (Cozbi) para continuar su orgía: «tomó una lanza en su mano; y fue tras el varón de Israel a la tienda, y los alanceó» (Números 25:7-8).

La vida exige que estés de un lado o de otro, nunca te ofrece ser neutral. Tendrás situaciones que demandarán decisiones conscientes que te eleven por encima de las circunstancias y, en medio de las adversidades o desafíos, verás la compañía de Dios a tu lado.

Resistiendo la conformidad

En el pasaje de Romanos 12:2, el apóstol Pablo invita a estar inconforme con la conformidad del mundo. Nos enfocaremos en tres versiones bíblicas que usan tres palabras claves para profundizar en su mensaje: imitar, amoldar, conformar. La versión Lo Más Importante es el Amor, la traduce como: «No imiten la conducta ni las costumbres de este mundo: sean personas nuevas, diferentes, de novedosa frescura en cuanto a conducta y pensamiento». La palabra *imitar* viene del latín *imitatio* y significa 'acción y efecto de copiar el comportamiento de otro'. Sus componentes léxicos son: *imitari* (actuar de un modo similar al de otra persona), más el sufijo *-ción* (acción y efecto).

El actor Heath Ledger protagonizó a uno de los mejores Joker de la historia: para hacer una buena interpretación, pasó seis semanas preparándose en el encierro de una habitación de hotel en Londres. La cultura de la imitación es muy tentativa y apetecible para los jóvenes, quienes son motivados a adoptar las actitudes de quienes más admiran y de lo que contemplan como moda, música, prácticas religiosas, deportivas, sociales y sexuales. También está el lado opuesto que es desear reproducir lo bueno y aquello que ejemplifique la vida de alguien que conoce a Jesús, quien lanza la invitación: «Sed, pues, imitadores de Dios como hijos amados. Y andad en amor, como también Cristo nos amó, y se entregó a sí mismo por nosotros, ofrenda y sacrificio a Dios en olor fragante» (Efesios 5:1-2).

La segunda palabra es *moldear* y leemos: «No permitas que el mundo a tu alrededor te meta dentro de su propio <u>molde</u>; más bien, deja que Dios moldee de nuevo tu mente desde adentro...» (versión de Phillips). Moldear es manipular una materia prima hasta darle la forma deseada y se adapte a ciertos patrones. En el *álbum The Wall* de Pink Floyd, se encuentra la canción *«Another brick in the wall»* («Otro ladrillo en la pared»). En una parte dice: *«All in all, you're just another brick in the wall»* («A fin de cuentas, solo eres otro ladrillo en la pared»). Algunas personas no son más que otra pieza en el mundo, pero hay quienes tienen una identidad propia y esto marca la diferencia en el modo de pensar y actuar. No son solo un ladrillo de esta sociedad: son *únicos* y especiales porque fueron hechos según el molde de la imagen y semejanza de Dios. Aunque ese molde se rompió una vez, Él ha hecho todo para que tengan una transformación que los lleve a ser un reflejo de su voluntad y carácter.

La versión Reina Valera 1960 dice: «No os <u>conforméis</u> a este siglo». La *conformidad* podría definirse como la tendencia a cambiar el comportamiento, la actitud o la opinión para integrarse en un grupo y ser aceptado, ya sea para evitar una culpa o ganar un favor. Los que no se conforman están llamados a la excelencia y a desarrollar un ideal que sea conformado por el Espíritu Santo para una vida ejemplar, tal como podemos leer: «como hijos obedientes, no os conforméis a los deseos que antes teníais estando en vuestra ignorancia» (1 Pedro 1:14). Ningún poder fluye de una juventud que se conforma a las mismas prácticas que el mundo hace, así no pueden tener influencia sino que son uno más en la multitud. Las prácticas que desdibujan el ideal de Dios los llevan a vivir una vida temporal. La palabra *siglo* viene del griego *ion* que significa 'pasajero' y 'temporal'; lo que Dios desea para ustedes es de proyección eterna.

En el libro *God Less America* (*Estados Unidos sin Dios*), el comentarista radial de Fox News, Todd Starnes, compiló noticias recientes que describen el actual ataque a los valores tradicionales y la expulsión de Dios de la vida pública en este país. Comenta:

> Se avecinan tiempos peligrosos. Se está librando una guerra sin cuartel en contra de las libertades religiosas. En la medida en que los cristianos asuman posiciones cada vez más radicales y diferentes al resto de las personas, se intensificarán los ataques hacia los que quieren conservar la identidad con el Dios verdadero.[13]

Jesús tuvo el desafío de vivir rechazo, exclusión, sufrimientos e injusticias; y dentro de ellos marcó siempre su diferencia personal. Se mezcló con todo tipo de personas y creencias sin perder su verdadera identidad. El Salvador nunca imitó, amoldó o se conformó a las ideas preconcebidas de las personas, ni a las circunstancias, ni a las formas culturales o religiosas opuestas, sino que mantuvo sus convicciones firmes y aceptó la voluntad de su Padre. Así se explica en el texto: «Y cuando terminó Jesús estas palabras, la gente se admiraba de su doctrina; porque les enseñaba como quien tiene autoridad, y no como los escribas» (Mateo 7:28-29). Su autoridad se mostraba en sus palabras, sus acciones, su mensaje y su estilo de vida; la gente veía una coherencia personal en Él, lo que marcaba la diferencia con los fariseos o gobernantes.

Dios sabe que estamos en un mundo contrario y anormal a lo que creó. Aun así, espera que le conozcas y desees recibir su transformación para que, aunque estés aquí, pertenezcas a un mundo mejor que Jesús ganó para ti, tal como lo puedes leer:

> Yo les he dado tu palabra; y el mundo los aborreció, **porque no son del mundo**, como **tampoco yo soy del mundo**. No ruego que los quites del mundo, sino que los guardes del mal. **No son del mundo, como tampoco yo soy del mundo.**
>
> Juan 17:14-16

Hoy se presenta un ancho mar ante tus ojos, donde millones se dejan llevar por las olas. Desafíate y nada en la corriente contraria, la que te llevará a la inmensidad de sus aguas.

Desafío 12: Si te colocas frente a un espejo de cuerpo completo, ¿qué ves? ¿A quién ves? ¿Qué es lo que te identifica como ser único? ¿Qué marca la diferencia entre ti y los demás? ¿Qué modelo tratas de imitar o seguir? ¿Cómo esto marca la dirección de tu vida?

> *Entrad por la puerta estrecha; porque ancha es la puerta,*
> *y espacioso el camino que lleva a la perdición,*
> *y muchos son los que entran por ella; porque estrecha*
> *es la puerta, y angosto el camino que lleva a la vida,*
> *y pocos son los que la hallan.*
>
> Mateo 7:13-14

---

1   G. White, E. (2007). *Testimonios selectos, tomo 4.* Asociación Publicadora Interamericana, p. 22.

2   Cortejoso, D. (17 de septiembre del 2014). «La presión del Grupo y su importancia en los adolescentes». Campamento Terecay. Recuperado el 10 de febrero del 2023. http://campamentoterecay.blogspot.com/2015/03/la-presion-del-grupo-y-su-importancia.html.

3   Clinton, T. (2015). *Consejería Bíblica, tomo 3: Manual de consulta sobre adolescentes*. Editorial Portavoz, p. 87.

4   Zabala, F. (2000). *No callarás*. Asociación Publicadora Interamericana, p. 62-63.

5   Zabala, F. (2006). *Control de calidad para tu mente*. Editorial Safeliz.

6   López Peláez, A. y Fernández García, T. (2014). *Trabajo Social con grupos*. Alianza Editorial, p. 23.

7   G. White, E. (1957). *Profetas y reyes*. Pacific Press Publishing Association, p. 372.

8   Ídem, p. 373

9   Zabala, F. (2000). *No callarás*. Asociación Publicadora Interamericana, p. 62.

10   G. White, E. (1954). *Historia de los patriarcas y profetas*. Pacific Press Publishing, p. 330.

11   Ídem.

12   Zabala, F. (2000). *No callarás*. Asociación Publicadora Interamericana, p. 63.

13   Robinson, T. (1 de enero del 2015). «Estados Unidos en guerra contra Dios». *Las Buenas Noticias*. Recuperado el 10 de febero del 2023. http://espanol.ucg.org/noticias-y-profecia/estados-unidos-en-guerra-contra-dios.

13

Desafiados a cuidar la torre de control

Sigue a tu corazón, pero lleva contigo a tu cerebro.
Alfred Adler

Durante mi adolescencia y juventud me apasioné por la música *heavy metal,* pasión que terminó cuando nos animaron a quemar biblias en un concierto. Reflexioné sobre a dónde iba mi vida en ese ambiente. Al cultivar una relación personal con Jesucristo, fui cambiando algunos de mis gustos. Así que, primeramente, decidí quemar toda la colección de más de cien discos originales y, junto a Dios, tomé el compromiso de no escucharla más. Han pasado más de treinta años de aquel día y, hasta hoy, gozo el haber escogido otro camino. Acepté el desafío de poner mi mente en armonía con los valores celestiales y eso me ha traído bienestar y seguridad. Dentro del conflicto que vivimos, se pelea por el control de la mente: solo si tomas decisiones adecuadas y pertinentes, tu mente podrá dirigirse hacia las experiencias nobles y caminarás seguro dentro tus batallas gracias a la guía de tu Creador.

El escenario del conflicto cósmico se ha trasladado a un centro de batalla pequeño, pero con grandes implicaciones. Este espacio es la mente, el terreno donde se desarrolla el discernimiento y la conciencia, donde se toman las decisiones y se ejerce la voluntad. Parece imperceptible pero es quien toma el control de nuestra vida. El cerebro es el órgano físico de la actividad mental, lo que se puede ver, como el disco duro, el teclado y la pantalla de una computadora. Sin embargo, se necesita la parte interna o *software* para procesar, almacenar y usar la información. Es decir, la mente es la que conecta las estructuras físicas del cerebro con ese universo interior para determinar la funcionalidad de la persona. Por eso ejerce influencia sobre diferentes procesos como la percepción, los pensamientos, las emociones y la conducta.

Por medio de la programación existente, se evalúa la información externa, se procesa lo interno y se da respuesta a la experiencia de vida. Este proceso influye en las reacciones automáticas, la cosmovisión y la identidad personal. En este sentido naces y creces en un contexto de programaciones sociales, religiosas, normativas, de credos, experiencias, expectativas y herencia. La mayoría de los malestares emocionales, existenciales y las respuestas dependen de esto. Como estás expuesto a una gran contaminación social de la cual no tienes control, eres responsable de proteger tus vías de entrada de información, tus sentidos. Dios te ha dotado de fortalezas y facultades que, bien administradas y desarrolladas, mantendrán tu mente fuerte y en sintonía con tu Creador.

Masada fue edificada por Herodes el Grande como un palacio de refugio para su seguridad. Su nombre significa 'fortaleza' en el idioma arameo y se encuentra sobre un risco a 396 metros de altura. Es famosa porque en el 72 d. C. fue tomada por los sicarios, un grupo de fanáticos judíos. Después, en el 73 d. C., los romanos sitiaron la fortaleza, dirigidos por el general Flavio Silva. Como resultado, un total de 953 judíos se suicidaron para no ser capturados y forzados a la esclavitud. Esto representa para Israel un emblema de libertad y patriotismo. En la actualidad, los soldados israelíes, después de terminar su entrenamiento, realizan una ceremonia donde suben el Sendero de la Serpiente: un camino de antorchas encendidas en la cima de Masada donde deben declarar, antes de bajar, «Masada no caerá de nuevo».

Tenemos una mente maravillosa que, como campo de batalla, requiere estar en las mejores condiciones: hay que cuidarla, cultivarla y educarla con pensamientos y contenidos edificantes. Como fortaleza, puede ser afectada por diferentes circunstancias que intentarán hacerla caer. En el libro *La guerra santa*, el reformador protestante Juan Bunyan escribe sobre una ciudad llamada Alma Humana, la cual tiene cinco puertas que son las de los sentidos: oído, ojo, boca, nariz y tacto. Estas puertas describen a los sentidos que al abrirlas al mundo exterior pueden afectar o beneficiar nuestra mente. El capítulo 4 del libro de Proverbios comparte consejos sabios para mantener resguardados todos los accesos de la ciudadela mental, como si fuese nuestra torre de control, nuestra Masada.

Guarda lo que escuchas

Es importante poner atención a lo que escuchas y aprender a reconocer la sensación que causa en la mente y el cuerpo: «Hijo mío, está atento a mis palabras; Inclina tu oído a mis razones» (Proverbios 4:20). Por este canal se introducen atracciones que debilitan tu dominio propio, ya que cada sonido evoca sentimientos y actitudes diferentes. Eva fue conquistada por escuchar los argumentos de la serpiente y Adán a su mujer (Génesis 3:17).

El apóstol Pablo advierte al joven Timoteo: «Teniendo comezón de oír, se amontonarán maestros conforme a sus propias concupiscencias, y apartarán de la verdad el oído» (2 Timoteo

4:3-4). El mayor peligro de no discernir ni seleccionar lo que oyes es que puedes ser apartado de la verdad. Si pones límites y tienes prudencia en el oír, podrás enriquecer tu ser y motivarte a lo bueno para filtrar y resignificar lo dañino. Para que la Masada de tu oído no sea conquistada, sus muros deberán estar levantados ante los peligros sutiles. Dice este consejo: «Que no oye la voz de los que encantan, Por más hábil que el encantador sea» (Salmos 58:5).

En la leyenda del flautista de Hamelín, hay una ciudad infectada de ratas y este se compromete a sacarlas a cambio de una recompensa. Al tocar su flauta, encantó a los roedores y los condujo hacia el río Weser donde se ahogaron. Cumplido el convenio, volvió por su pago, sin recibirlo por la negación de los aldeanos. Ante su enojo, tocó una melodía, como venganza, que hechizó a ciento treinta niños llevándolos a una cueva en la que no supieron más de ellos. Entre los que se salvaron se hallaba un niño sordo que no fue encantado por la música. Proteger y evitar las melodías, las palabras o los encantos sonoros que tienen impacto negativo en tu mente, facilitará que atiendas a la voz de Dios, quien quiere guiarte y resguardarte.

Guarda lo que ves

La puerta del ojo influye sobre la mente, por eso la invitación de Salomón es que «tus ojos miren lo recto» (Proverbios 4:25). La separación de Dios y de la vida plena comenzó cuando se observó el fruto ofrecido por la serpiente, lo que provocó su deseo: «era agradable a los ojos» (Génesis 3:6). Sus ojos, que solo veían lo bueno, ahora podían contemplar el mal. Esto fue lo que experimentó David cuando, lejos del deber, sus ojos lo llevaron a dar rienda suelta a sus pensamientos y la pasión se apoderó de él, llevándolo a cometer adulterio: «Se levantó David de su lecho (...) y vio desde el terrado a una mujer que se estaba bañando, la cual era muy hermosa» (2 Samuel 11:2).

En una sociedad donde hay un uso desmedido del contenido visual para llamar la atención mediante imágenes intensas y explicitas, requieres estar alerta para que no te arrastren, como David, a caer en una cadena de eventos fatales. Lo que ves influye sobre tus pensamientos y comportamiento, por eso la Biblia relaciona este sentido con la capacidad de conocer y comprender: «alumbrando los ojos de vuestro entendimiento» (Efesios 1:18). Los jóvenes conscientes fijan su mirada en el camino que les señala la sabiduría y la inteligencia.

Los ojos son el reflejo del alma y el visor para determinar si tu vida está en oscuridad o en la luz. Representan la percepción de aquello que te puede hacer daño o traer beneficio. Estás expuesto a una infinidad de contenidos visuales de forma real o virtual, por lo que la única seguridad que hay es cerrar y proteger la puerta ante todo lo que quiere desviarte de tu camino. Fíjate lo que dice el texto: «el que cierra sus ojos para no ver cosa mala; este habitará en las alturas, fortaleza de rocas será su lugar de refugio» (Isaías 33:15-16). Toma el control de esta puerta de tu Masada para que no seas engañado: protege y fortalece tus límites para que venzas y escales niveles para ver lo que ahora es invisible para ti.

Guarda tu boca

La boca parece insignificante, pero tiene un miembro, la lengua, que es poderoso para crear fuegos o apagarlos. Dice lo siguiente:

«Aparta de ti la perversidad de la boca, Y aleja de ti la iniquidad de los labios» (Proverbios 4:24). Por el habla podemos comunicarnos para dar información y mantener relaciones interpersonales adecuadas. Este sentido tiene muchas implicaciones ya que puede comunicar ideas, expresar sentimientos y emociones; razonar, argumentar, aclarar, informar, morder y saborear. Si analizamos las estrategias de Satanás para tomar el control de la mente de Adán y Eva, vemos que la indujo, primero, a escuchar sus palabras; luego a mirar y desear el elemento de la propuesta; y, como paso final, que probara la fruta.

Hoy día usa el mismo método para desafiarte a probar lo que te ofrece y dar rienda suelta a los deseos. En su planificación, busca acabar con la resistencia de tus capacidades mentales y espirituales. Capta tu atención a través de los oídos, te seduce por medio de los ojos y te controla a través de la boca. Por eso, sigue el consejo de David: «Guarda tu lengua del mal, Y tus labios de hablar engaño» (Salmos 34:13). Salomón insiste en la importancia de vigilar los labios: «El que guarda su boca guarda su alma; Mas el que mucho abre sus labios tendrá calamidad» (Proverbios 13:3). Las palabras que salen de la boca son una buena indicación de lo que hay en la mente e influyen sobre las decisiones y el bienestar.

Jesús enseña que las cosas que contaminan a la persona salen de la mente a través del habla (Mateo 15:18-19). Tienes un gran desafío a la hora de poner filtros en lo que entra y sale de tu boca, ya que las palabras edifican o destruyen: «Porque por tus palabras serás justificado, y por tus palabras serás condenado» (Mateo 12:37). También cuida tu salud integral con lo que pruebas y comes. Protege esta puerta porque necesitas alimentarte de lo bueno para que, con tus palabras, puedas bendecir, animar, enseñar, edificar y compartir esperanza. De lo que estés lleno en tu interior fluirán corrientes para bien o para mal.

Guarda tu mayor tesoro

Cuando Salomón se refiere a guardar el corazón (mente), habla de cuidar y cultivar los pensamientos, creencias, sentimientos, deseos, voluntad y decisiones que conforman lo que una persona es. Dice: «Sobre toda cosa guardada, guarda tu corazón; Porque de él mana la vida» (Proverbios 4:23). También los egipcios pensaban que el corazón era el *órgano* más importante, basados en que allí se unían todos los fluidos y se encontraba la sede del pensamiento. Por esto, al morir la persona, le extraían el corazón y lo guardaban en un cofre de oro como símbolo de vida. Cuando estaban en una batalla, los enemigos trataban de alcanzar el corazón del oponente para matarlo porque creían que la vida emanaba de él.

La Biblia enseña que nuestros pensamientos determinan lo que llegamos a ser (Proverbios 23:7; 27:19). Ahora, ¿por qué es importante guardar la mente? Jesús dijo: «Felices los de limpio corazón, porque ellos verán a Dios» (Mateo 5:8). Una mente pura y limpia nos conecta con lo divino. ¿Qué es lo que estás guardando actualmente? Este es un asunto de enfoque, puesto que tú determinas qué es lo más importante: si edificas una ciudad fuerte y con murallas de principios y fidelidad; o una sustentada por los impulsos y deseos no controlados y sin propósito. Los sentidos tienen importancia: «Pero temo que como la serpiente con su astucia engañó a Eva, vuestros sentidos sean de alguna manera extraviados de la sincera fidelidad a Cristo» (2 Corintios 11:3).

Cuidar la mente es esencial para un crecimiento vigoroso en el conocimiento de Dios. Cuando se cultiva en armonía con lo celestial, es limpiada de toda contaminación por medio del Espíritu Santo. Es la puerta de conexión entre Dios y tú, el espacio donde actúa el Espíritu. Solo que esto no se hace sin tu consentimiento: eres participante activo y voluntario y el Señor respeta tu libertad. El apóstol Pablo invita a proteger y a guardar la mente como lo más valioso: «Estad, pues, firmes, ceñidos vuestros lomos con la verdad, y vestidos con la coraza de justicia» (Efesios 6:14). Debido a su importancia para tu vida espiritual, tienes que desafiarte como Daniel a no contaminarla con cualquier comida o bebida que no sean alimentos nutritivos para ti (Daniel 1:8). Dios está dispuesto a brindar a cada joven la mejor comida, a desarrollar sus facultades y fortalezas por medio de experiencias de vida significativas, y cumplir su deseo de que tenga lo mejor.

Enemigo al acecho de tu Masada

Durante la Segunda Guerra Mundial, en la batalla de Leningrado, un francotirador ruso llamado Vasili Záitzev se convirtió en el terror de los soldados alemanes. Se dice que liquidó a 242 soldados nazis, incluidos 11 francotiradores. El ejército de Hitler envió a su mejor soldado para acabarlo. Esta historia inspiró la película *Enemigo al acecho*. Los jóvenes son acechados por un francotirador cuyo propósito es aniquilarlos: él los tiene en la mira y busca la destrucción de sus facultades mentales. Por este motivo, tienen que estar alertas y seguir el consejo: «Sed sobrios, y velad; porque vuestro adversario el diablo, como león rugiente, anda alrededor buscando a quien devorar» (1 Pedro 5:8). Pedro hace la advertencia porque vivió la experiencia de que el acechador, en algún momento, logró destruir sus fortalezas.

Los jóvenes pueden ser indiferentes ante la advertencia de cuidarse y estar alerta para no ser heridos por los dardos enemigos. La juventud brinda esa fuerza y libertad para hacer y deshacer, sin embargo, esta no siempre perdura (Juan 21:18). Vivir la independencia sin tener conciencia de la posibilidad de que tu mente sea conquistada, te puede llevar a ser presa fácil del león (Salmos 10:9-10): este acecha en lo oculto, pone emboscadas, estudia pacientemente tus debilidades, te atrae a su red con lo que él sabe que te gusta para que caigas ante su ataque si estás desprevenido.

Cuando eres amenazado por el enemigo tienes dos opciones: enfrentarlo o huir. Si decides hacerle frente, tienes que tener la fortaleza y recursos necesarios; si lo evitas, debes saber cómo y cuándo hacerlo. Dice este texto: «al cual resistid firmes en la fe, sabiendo que los mismos padecimientos se van cumpliendo en vuestros hermanos en todo el mundo» (1 Pedro 5:9). Ante algo más fuerte que tú, la única alternativa que tienes es resistir tomado de la mano y escudándote en Jesús que te protege y te ayuda en tus desafíos. A veces no puedes evitar confrontarlo: tarde o temprano tendrás que hacer frente a este león con el fin de proteger tu Masada. Algunas áreas de resistencia que el apóstol propone son:

- **Desobediencia:** «Igualmente, jóvenes, estad sujetos a los ancianos» (1 Pedro 5:5). Este es uno de los grandes desafíos de la juventud, ya que: «habrá hombres (...) desobedientes a los padres, ingratos, impíos» (2 Timoteo 3:2). Si hay un área donde este león acechador tiene éxito es cuando se vive en desobediencia. Los jóvenes que solo obedecen lo que les dicta su necio corazón, que quieren seguir su propio camino sin considerar el de Dios, son presa fácil del perseguidor. Resiste esa tendencia y decide escuchar a Dios y atender a aquellas personas que quieren orientarte para que puedas hacer frente a los desafíos de la vida. Resiste inteligentemente: «como hijos obedientes, no os conforméis a los deseos que antes teníais estando en vuestra ignorancia» (1 Pedro 1:14).

- **Soberbia:** «sumisos unos a otros, revestíos de humildad; porque: Dios resiste a los soberbios, Y da gracia a los humildes» (1 Pedro 5:5). La soberbia es una actitud de altanería y sentimiento de superioridad que hace que el joven desafíe todo lo establecido. El desprestigio de las instituciones como la familia, la escuela, la Iglesia y los partidos políticos está presente en una sociedad que obedece a la posmodernidad, donde los jóvenes viven su vida desafiando las normas y lo instituido. Santiago presenta en su carta que la soberbia te confronta con Dios: «Dios resiste a los soberbios, y da gracia a los humildes. Someteos, pues, a Dios; resistid al diablo, y huirá de vosotros. Acercaos a Dios, y él se acercará a vosotros» (Santiago 4:6-8). La altivez encuentra terreno productivo en aquellos que se resisten a Dios y le abren la puerta al mal. Los jóvenes victoriosos resisten al orgullo, mientras que Dios resiste a los soberbios: «Humillaos, pues, bajo la poderosa mano de Dios, para que él os exalte cuando fuere tiempo» (1 Pedro 5:6). La humildad es una virtud y la regla del cielo es que, si la practicas, serás engrandecido. Por eso aconseja: «Nada hagáis por contienda o por vanagloria; antes bien con humildad, estimando cada uno a los demás como superiores a él mismo» (Filipenses 2:3).

- **Desenfreno:** «Sed sobrios, y velad» (1 Pedro 5:8). El desenfreno es aquel comportamiento impulsivo sin moderación, orden ni sentido de la medida.[1] Gran parte de los adolescentes confunden la libertad con el libertinaje, con hacer lo que les dicta su inmaduro corazón. En la libertad se da la responsabilidad y en el libertinaje el desenfreno. La sobriedad es ser moderado en todas las cosas. Daniel fue sobrio en su alimentación y estilo de vida, resistió con firmeza la forma de existencia babilónica y fue librado del león: «Mi Dios envió su ángel, el cual cerró la boca de los leones, para que no me hiciesen daño» (Daniel 6:22). Hay un desafío que Dios te presenta: mantener una relación personal con Él, abstenerte de lo malo, usar moderadamente las cosas buenas, tomar el control de tu vida al estar consciente del momento que vives. También debes practicar la oración para que no caigas ante los ataques enemigos y estar en alerta continua: «Por tanto, no durmamos como los demás, sino velemos y seamos sobrios» (1 Tesalonicenses 5:6).

Si resistes al león acechador, tendrás estos resultados:

- **La vivificación del Espíritu como factor determinante para mantener tu mente:** «Y el Espíritu de Jehová vino sobre Sansón, quien despedazó al león» (Jueces 14:6).

- **Dios peleará tus batallas, te librará de tus temores:** «Añadió David: Jehová, que me ha librado de las garras del león» (1 Samuel 17:37).

- **Él pondrá al león acechador bajo tus pies:** «Sobre el león y el áspid pisarás; Hollarás al cachorro del león y al dragón» (Salmos 91:13).

- **La fe como el componente esencial para la victoria:** «que por fe conquistaron reinos, hicieron justicia, alcanzaron promesas, taparon bocas de leones» (Hebreos 11:33).

- **Dios será tu fuerza y sostén en el cumplimiento de la misión:** «Pero el Señor estuvo a mi lado, y me dio fuerzas, para que por mí fuese cumplida la predicación (...). Así fui librado de la boca del león» (2 Timoteo 4:17).

Tu lucha es con un enemigo que quiere tomar tu torre de control y causarte daño. Dios está de tu lado para ayudarte a desarrollar una mente fuerte. Pedro describe algunas acciones divinas que serán una realidad para tu protección: «Mas el Dios de toda gracia, que nos llamó a su gloria eterna en Jesucristo, después que hayáis padecido un poco de tiempo, él mismo os perfeccione, afirme, fortalezca y establezca» (1 Pedro 5:10). El gran desafío al enfrentar al león es escudarte en el Todopoderoso, resistir con todas tus capacidades y tener la convicción de que tu mente no será conquistada. Es hora de que determines que «Masada no caerá de nuevo».

Desafío 13: ¿Estás cuidando tu torre de control? ¿Filtras lo que oyes o ves, lo que comes y tocas? ¿Tienes estrategias para desechar aquello que no armoniza con tus valores?

> *¿Quién de nosotros morará con el fuego consumidor? ¿Quién de nosotros habitará con las llamas eternas? El que camina en justicia y habla lo recto; el que aborrece la ganancia de violencias, el que sacude sus manos para no recibir cohecho, el que tapa sus oídos para no oír propuestas sanguinarias; el que cierra sus ojos para no ver cosa mala; este habitará en las alturas; fortaleza de rocas será su lugar de refugio; se le dará su pan, y sus aguas serán seguras.*
>
> Isaías 33:14-16

---

1   EcuRed (s. f.). «Desenfreno». Recuperado el 15 de febrero del 2023. https://www.ecured.cu/Desenfreno.

14

Desafiados por los icebergs

Cuando era joven, mi padre no confiaba en mí para algunas cosas importantes por ser el hijo menor: me decía que no estaba preparado. Así crecí con la idea de no ser apto para tomar responsabilidades. Pero, un día, me dieron una advertencia de no tomar el auto porque estaba recién pintado y lo podía dañar, a lo que hice caso omiso. Tomé las llaves, lo encendí y, por error, activé el modo retroceso y lo estrellé contra un poste de luz. Las consecuencias vinieron y nunca más tuve opción de manejarlo. No hice caso a una alerta, igual en la vida cuando no prestamos atención a los avisos de peligro. La juventud requiere ser precavida ante los avisos de la carretera de la vida y no omitirlos, ya que pueden traer terribles consecuencias.

Las advertencias sirven de precaución, alerta y cuidado, y se aplican a diferentes áreas del vivir diario. El Titanic partió desde Southampton, el 10 de abril de 1912, con destino a Nueva York. Era conocido como el barco más grande y lujoso de su época, y llevaba 2400 personas a bordo. Se hundió durante la noche del 14 y la madrugada del 15 de abril, cuando colisionó con un iceberg. Solo sobrevivieron 712 personas, el restó murió en las heladas aguas del Atlántico. La tripulación recibió siete mensajes de distintos barcos que navegaban por esa zona, advirtiéndoles de los bloques de hielo que se encontraban en su ruta. En la inauguración del trasatlántico, su diseñador expresó que ni Dios podría hundirlo. Esto explica por qué el capitán Smith no disminuyó la marcha a pesar del peligro latente. Así mismo, la ruta de navegación de la vida está llena de icebergs que podrán hacer naufragar tu frágil embarcación si no tomas en cuenta las alertas de Dios.

Esta experiencia es un ejemplo de los resultados que se pueden tener al no practicar la prudencia ante los peligros. También se puede aplicar en el aspecto espiritual al no estar atentos a los consejos divinos, como lo menciona el profeta Ezequiel:

> ... un hombre de su territorio y lo pusiere por atalaya (...), cualquiera que oyere el sonido de la trompeta y no se apercibiere, y viniendo la espada lo hiriere, su sangre será sobre su cabeza. El sonido de la trompeta oyó, y no se apercibió; su sangre será sobre él; mas el que se apercibiere librará su vida.
>
> Ezequiel 33:2-5

Tu vida es como un barco que va en la ruta de la salvación, los icebergs son los obstáculos que impedirán que no llegues a tu destino, las advertencias son los avisos bíblicos y los principios que te guían, y la prudencia es la sabiduría que te llevará a puerto seguro. A continuación, reflexionaremos sobre siete alertas que el apóstol Pablo escribe a sus jóvenes discípulos Tito y Timoteo en comparación a las advertencias recibidas por el Titanic.[1]

1. Cuidado con el iceberg de las pasiones

El Titanic recibió un mensaje del trasatlántico Caronia, a las 9:00 a. m. del día 14, advirtiendo de icebergs, mientras que en el barco se llevaban a cabo actividades de entretenimiento, placer y diversión: «Huye también de las pasiones juveniles, y sigue la justicia, la fe, el amor y la paz» (2 Timoteo 2:22).

Anunciar un peligro en ese ambiente sería inútil. El iceberg de la pasión entra en tu camino para seducirte y despertar necesidades en ti, despertar esos sentimientos que son capaces de dominar tu voluntad y la razón, los cuales no te permitirán escuchar la voz de alerta. Ante este peligro es recomendable escapar, como lo hizo José ante las insinuaciones de la esposa de Potifar: evita exponerte ante lo que te gusta pero que no contribuye a tu bienestar. Tienes alternativas de cosas que hacer y seguir, como la justicia, la fe, el amor y la paz, que darán fortaleza a tu mente y vigor a tus facultades.

Hay gustos que esclavizan y se tornan en adicciones diversas que afectan la funcionalidad de la persona. Cualquier conducta que incida negativamente en el bienestar personal es una distracción que confunde el navegar hacia un objetivo. El consumo de pornografía ha aumentado entre los jóvenes. Barna Group realizó un estudio masivo en los Estados Unidos donde se examinó este fenómeno: los resultados mostraron que la mayoría se exponían a estos contenidos como una práctica cada vez más frecuente.[2]

En el camino espiritual, una verdadera transformación desestima aquello que atente contra la salud emocional y mental; más bien cultiva el corazón con pensamientos nobles y hábitos sanos para estar en sintonía con la santidad de Dios: «Pero los que son de Cristo han crucificado la carne con sus pasiones y deseos» (Gálatas 5:24). Los deseos y los gustos no son confiables para dirigirte; los principios y las creencias espirituales sí son adecuados para marcar la dirección de tu vida.

2. El iceberg del desenfreno

Otro aviso llegó a las 11:40 a. m. desde el trasatlántico Noordaw. Inexplicablemente, la tripulación no frenó la marcha y dirigió al barco hacia el peligro.

El desenfreno propio de la juventud actual los lleva a dar riendas sueltas a sus deseos, sin el uso de las barreras del dominio propio. Pablo exhorta a Timoteo a poner en práctica el control necesario para mantenerse alerta ante los riesgos de la tentación: «pero tú sé sobrio en todo» (2 Timoteo 4:5). La sobriedad es una virtud que valora y gestiona de forma adecuada los deseos, establece límites entre lo razonable y lo incontrolable, promueve abstenerse de lo malo y el uso equilibrado de lo bueno. John Mott, fundador del movimiento de estudiantes cristianos de los Estados Unidos, definió el desenfreno como «La lucha más difícil en la vida de un joven».[3] El equilibrio es la cualidad que mantiene la armonía, la estabilidad, el balance y la compensación en las actividades de la vida, por medio de las respuestas ante los desafíos o las situaciones que nos colocan entre dos opciones.

La moderación que se dedica a cada aspecto de la vida es importante porque todo exceso es dañino. La mayoría de los jóvenes viven para dar amplitud a los placeres de la vida: derrochan su energía y facultades sin tener en cuenta los peligros. El consejo sabio dice: «Por tanto, no durmamos como los demás, sino velemos y seamos sobrios» (1 Tesalonicenses 5:6). Velar es estar atentos a lo que sucede, a las advertencias y a ser precavidos. Los que corren descontrolados para satisfacer sus deseos se les dificulta tomar en cuenta los avisos de alerta; los que caminan con pasos seguros para no caer andan lejos del desenfreno y agradan a Dios (1 Pedro 4:3-4). Al navegar en el mar de la vida, hazlo despacio y en la seguridad de que estás al tanto de la voz que te avisa para que te detengas y cambies la dirección. No pierdas el control y así no navegarás hacia un hundimiento fatal.

3. El iceberg de la insensatez

Un tercer mensaje se recibió poco antes de las 2:00 p. m. del barco Baltic, dando aviso e información del paso de icebergs. Hubo falta de sensatez al equipar al buque de pocos botes salvavidas, lo que impidió salvar más personas cuando este naufragó. La imprudencia los llevó a hacer caso omiso de las advertencias. Pablo le recomendó a Tito: «Exhorta asimismo a los jóvenes a que sean prudentes» (Tito 2:6).

La insensatez es la falta de juicio y madurez para actuar. Es un peligroso témpano que lleva a imponer tu sabiduría a la de Dios. El necio es quien oye las palabras de Jesús y no las hace, y es comparado a un hombre insensato que edificó su casa sobre la arena (Mateo 7:26). Es decir, cimentar tu vida sobre lo que no es seguro te llevará a ver los témpanos frente a ti: sabrás que representan peligro, pero tu barco terminará hundido y destrozado por no ser cauto.

El exceso de confianza impide ver que, detrás de cada acción imprudente, hay consecuencias. Hay juicio cuando escuchas atentamente las palabras de Dios, pones en práctica sus consejos y construyes tu vida sobre la roca estable. Si te enfrentas a un iceberg, toma las debidas medidas de seguridad, escúdate en Dios y disminuye la velocidad para que puedas continuar tu viaje sin riesgos. Experimenta con cordura tus momentos importantes y de satisfacción, disfruta lo bueno que tienes sin que se nuble tu mente, ama sin que esto te aleje de Dios. Cada experiencia es para enriquecer tu vida e inspirarte a caminar con sensatez hacia el destino eterno para que, lejos de la autosuficiencia, muestres prudencia y sencillez. Es el consejo de Jesús: «sed, pues, prudentes como serpientes, y sencillos como palomas» (Mateo 10:16).

4. El iceberg de la inconsistencia

El Titanic también recibió una advertencia del barco alemán Amerika, donde le avisaban de la presencia de gigantescos icebergs en su ruta. Ante esta alerta, los oficiales no fueron responsables de poner en práctica los protocolos y el conocimiento de la navegación internacional, lo que los llevó al fracaso en su primer viaje.

Uno de los peligros que atentan contra tu estabilidad espiritual es la inconsistencia en el entrenamiento de la fe. Necesitas leer lo que Pablo le dice a su discípulo: «Pero persiste tú en lo que has aprendido y te persuadiste, sabiendo de quién has aprendido» (2 Timoteo 3:14). El consejo a Timoteo era que practicara la esperanza a diario, que fuera decidido en el desarrollo de sus facultades. Recuerda lo que has aprendido de tus padres, abuelos y tutores, pues serán enseñanzas útiles que te servirán como principios guiadores.

Para que mantengas una constancia en la fe y no choques con el iceberg, es necesario un fundamento doctrinal sólido y desarrollar el estudio de la Biblia. Algunos han desestimado las enseñanzas positivas de sus padres porque creen que todo lo pasado ya no tiene valor. La inconstancia afecta tanto a nivel social como espiritual, ya que impide mantener firmeza y determinación ante las diversas situaciones: trae desánimo, decaimiento y una sensación de insuficiencia y frustración. Algunos son volubles espiritualmente y esto aumenta la vulnerabilidad al pecado y a los desafíos. La fe se desarrolla por medio de las disciplinas espirituales que se practican a diario. Mantén en tu mente lo que has aprendido, sé constante en fortalecer tu conocimiento y establece metas personales diarias.

5. El iceberg de la incongruencia

El trasatlántico recibe la quinta advertencia a las 7:30 p. m. por el vapor Californian, comunicándole del paso de tres enormes icebergs. La incongruencia de los oficiales del barco fue notoria, ya que sus constructores creían que era el mejor de la época pero, al desestimar los llamados de peligro, demostraron incompetencia.

La incoherencia es aquello que se ejecuta, pero que carece de sentido y representa lo que es contradictorio e ilógico. Un actor de teatro callejero le dijo a un creyente que los actores representan una mentira como si fuera verdad, mas los cristianos viven la verdad como si fuera una mentira. La diferencia entre una vida sin concesiones y una vida ordinaria es la trasparencia que se manifiesta en todo lugar y circunstancia. Tus acciones tienen que ir en consonancia con lo que crees y profesas, ahí radica la verdadera fortaleza del testimonio personal.

Tienes que vivir un cristianismo genuino que represente bien a Cristo: «presentándote tú en todo como ejemplo de buenas obras; en la enseñanza mostrando integridad, seriedad» (Tito 2:7). Eres incongruente cuando hablas mucho pero haces muy poco, cuando predicas pero no lo vives. En esta sociedad y en el ámbito religioso habrá jóvenes «que tendrán apariencia de piedad, pero negarán la eficacia de ella» (2 Timoteo 3:5).

Muchos han sucumbido ante «las aguas del Atlántico» porque viven una falacia, una representación falsa de lo que realmente no son. Decide vivir una vida genuina, actúa en consonancia con tus principios. David le preguntó a Dios: «¿quién habitará en tu tabernáculo? ¿Quién morará en tu monte santo?». A lo que el Creador respondió: «El que anda en integridad y hace justicia, Y habla verdad en su corazón (...). El que, aun jurando en daño suyo, no por eso cambia (...). El que hace estas cosas, no resbalará jamás» (Salmos 15:1,2,4-5).

6. El iceberg de la fragilidad

Diez minutos después de la quinta alerta, se recibió el sexto mensaje desde el vapor Mesaba, donde se les advertía de tres grandes Icebergs. Los constructores del barco estaban confiados en que ni Dios podría hundirlo y esa falsa seguridad les hizo omitir esta advertencia o reconocer su fragilidad ante los obstáculos.

La firmeza es la estabilidad y fortaleza que presenta un individuo, lo que le da entereza y constancia a la hora de realizar o defender algo. En lo espiritual, también son necesarias estas virtudes: «Palabra fiel es esta, y en estas cosas quiero que insistas con firmeza» (Tito 3:8). En cambio, la fragilidad es un estado fisiológico de mayor vulnerabilidad a los factores de estrés, resultado de la disminución de las reservas orgánicas o la desregulación de múltiples sistemas funcionales.[4] Esta es una de las características que identifica a la juventud actual, porque se muestran sin la suficiente madurez para afrontar los desafíos: le dan mucho valor a la opinión de los demás, expresan baja tolerancia a la frustración, gran sensibilidad a la crítica y un alto nivel de inseguridad.

El buque llamado «rompehielos» está diseñado para desplazarse, navegar y abrirse paso en las aguas congeladas: su estructura tiene un casco reforzado y es tan firme que puede quebrar la capa más gruesa. Así mismo son las convicciones firmes que actúan como un escudo que sostiene el barco de tu vida cuando se tiene que enfrentar a los vientos, las tempestades, los icebergs o cualquier otra vicisitud. Si en algún momento has sido frágil para mantener tus creencias y has cedido a las construcciones sociales o culturales que te han podido llevar a naufragar constantemente, desarrolla tu firmeza y constancia mediante los recursos espirituales que Dios ha provisto para tu desarrollo y seguridad.

7. El iceberg de la indiferencia

El Titanic recibió la última llamada de atención unos minutos antes de las 11:00 p. m. pues el Californian le advertía que había quedado atrapado en el hielo. El capitán del barco de la White Star fue indiferente una vez más: a pesar de que la situación era crítica, siguieron adelante a toda velocidad. El llamado de Pablo a Timoteo fue: «manteniendo la fe y buena conciencia, desechando la cual naufragaron en cuanto a la fe algunos» (1 Timoteo 1:19). Lo insta a no ser indiferente al propósito de Dios para su vida, lo anima a no desechar los consejos oportunos para no cosechar los resultados de quienes los rechazaron. La juventud vive en un mundo con muchos problemas y desafíos que los pueden llevar a la apatía y flojera, las cuales no les permitirán desarrollar sus capacidades ni herramientas que les ayuden a enfrentarlos lo mejor posible. El éxito no está asegurado, el compromiso y esfuerzo es la clave para enfrentar cualquier iceberg de la vida.

Naufragar no es el destino de Dios para las personas ante los desafíos. La voluntad para caminar hacia las metas va acompañada de las habilidades personales, la formación, el conocimiento y el compromiso ante ellas. Además, el estudio de la Biblia, la oración, la testificación, la consagración y el desarrollo de los dones son aliados insuperables para enfrentar los retos. No seas indiferente ante la batalla como los discípulos que abandonaron a Jesús en su arresto. Tendrás ocasiones donde podrás evitar los icebergs, tomar otro rumbo o aminorar la marcha; en otras, será inevitable enfrentarlos. Recuerda llenarte de valor y tomar las herramientas que ya has desarrollado en cada experiencia vivida y en tu relación con Dios, las cuales se activan solo cuando las necesitas para mantenerte alerta.

En resumen, a diario enfrentas diferentes batallas ante las pasiones, el desenfreno, la insensatez, la inconsistencia, la incongruencia, la fragilidad y la indiferencia; para todas ellas, hay voces de advertencia a las que hay que prestar atención. A Noé se le dio la voz de alerta ante una destrucción inminente por medio del agua y, para salvarse, debía construir un barco en el cual tendría que navegar y enfrentar un mar embravecido. Cuando se le advirtió del peligro, escuchó y se preparó inmediatamente para ejecutar la orden de Dios: «Por la fe Noé, cuando fue advertido por Dios acerca de cosas que aún no se veían, con temor preparó el arca en que su casa se salvase» (Hebreos 11:7). Él y su familia pudieron salvarse y repoblar la tierra. Aunque se enfrentaron a lo desconocido, la voz de Dios sí era conocida y pusieron en ella su confianza.

Están desafiados a estar apercibidos en el viaje de la juventud porque es peligroso y tienen que preparar todo lo necesario para esta travesía. Mientras cumplen el propósito, se acercarán al destino eterno marcado para ustedes: «persiste en ello, pues haciendo esto, te salvarás a ti mismo y a los que te oyeren» (1 Timoteo 4:16).

Desafío 14: Piensa en tres situaciones en que hayas hecho caso omiso a una advertencia, ¿cuáles fueron sus consecuencias y qué hubieras evitado al atender el aviso?

> *porque todos le veían, y se turbaron. Pero en seguida habló con ellos, y les dijo: ¡Tened ánimo; yo soy, no temáis! Y subió a ellos en la barca, y se calmó el viento; y ellos se asombraron en gran manera, y se maravillaban.*
>
> Marcos 6:50-51

---

1   Pereira Morón, J. (2 de mayo del 2012). «Las siete advertencias del Titanic». *Mensajero Mexicano*. Recuperado el 16 de febrero del 2023. https://www.lossembradores.com/MM/MM_57.pdf.

2   Irizarry, J (2022). «"La pornografía destrozó mi cerebro" 5 lecciones sobre la declaración de Billie Eilish». *Joe Irizarry Noticias Cristianas*. Recuperado el 04 de marzo del 2023. https://www.joeirizarrynoticiascristianas.com/2021/12/23/la-pornografia-destrozo-mi-cerebro-5-lecciones-sobre-la-declaracion-de-billie-eilish/.

3   Kaleda, G. (14 de diciembre del 2018). «La lucha más dura en el camino del joven». *Doxología*. Recuperado el 16 de febrero del 2023. https://doxologia.org/es/palabras-de-espiritualidad/la-lucha-mas-dura-en-el-camino-del-joven.

4   Pons Raventos, M. E.; Rebollo Rubio, A.; y Jiménez Ternero, J. V. (7 de marzo del 2016). «Fragilidad: ¿Cómo podemos detectarla?». *SciELO*. Recuperado el 16 de febrero del 2023. https://scielo.isciii.es/scielo.php?script=sci_arttext&pid=S2254-28842016000200010.

15

Desafiados a no caer en la red

Es estéril y peligroso creer que uno domina el mundo entero gracias a Internet cuando no se tiene la cultura suficiente que permite filtrar la información buena de la mala.
Zygmunt Bauman

Cómo se extraña aquella vida sin internet, donde convivíamos con cosas sencillas que facilitaban acercamientos más reales. Las relaciones auténticas permiten sentirnos aceptados y apreciados. Recuerdo que acostumbraba a volar papalotes, jugar monopolio, a las canicas, patinar, montar bicicleta y una serie de actividades que orientaban la mente hacía algo más sano. Teníamos el teléfono de disco, la máquina de escribir en vez de la computadora, las caricaturas en blanco y negro reemplazaban al Smart TV, pero así éramos felices. Hoy la juventud posee mucho y la felicidad y la plenitud desaparecen cada vez más. Claro que hay virtudes y aportes de la tecnología a la ciencia, la libertad y los derechos humanos. Un uso adecuado y con precaución de las redes sociales marcará una diferencia para no ser atrapados dentro de la red.

Zygmunt Bauman, en su libro *Modernidad líquida*, visualizó una nueva cultura donde lo sólido es visto como aquellos fundamentos establecidos que han quedado obsoletos y el líquido se refiere a los nuevos conceptos y propuestas de cambio. El sociólogo propone que ese nuevo poder u orden social fluirá de manera libre en los estereotipos que han frenado el avance de las libertades.

Escribe: «Para que el poder fluya, el mundo debe estar libre de trabas, barreras, fronteras fortificadas y controles. Cualquier traba densa de nexos sociales, y particularmente estrecha con base territorial, implica un obstáculo que debe ser eliminado».[1] Al vivir en la época de la instantaneidad, como la llama Bauman, se propicia un submundo donde las reglas y cualquier otro parámetro podrán desaparecer en bien de la apertura de pensamiento y la emancipación individual.

Las redes sociales son los referentes de la nueva cultura digital, la cual muestra una visión desesperada de la independencia de los absolutos sólidos. En estos medios, todo fluye libremente, establecen sus propias normas y producen acercamientos instantáneos, donde las barreras sociales, culturales y religiosas han desaparecido. Los controles que nos habían mantenido dentro del marco moral se han eclipsado para permitir la fluidez de esta nueva estructura social. Así que, como juventud protagonista de esta sociedad, estás frente al desafío de experimentar la realidad por encima de la virtualidad, poner pautas y límites para aprovechar los aportes y desestimar los peligros.

Cultura de la imagen

Este es un concepto que moldea a la sociedad actual, donde la apariencia ha sobrepasado a la esencia personal. Se valora al individuo por lo que tiene y hace, no por lo que es; se rinde culto a la imagen como el medio para alcanzar todas las metas. No se da valor al contenido y la calidad de las ideas, sino a la impresión que deja en sus oyentes y espectadores. Estamos en un tiempo donde lo físico es más necesario que el intelecto, la posición es más importante que la calidad, la popularidad resulta más atrayente que la espiritualidad, la inmoralidad es más protegida que la bondad, la literatura del ocio es más buscada que un buen libro, un número de *likes* es más deseado que la reputación y los *youtubers* o *influencers* son más populares que los maestros.

Las plataformas como Instagram, TikTok y Facebook se han convertido en escenarios de promoción del culto al yo, a la apariencia y a la imagen. Se publican millones de fotografías y mensajes en una búsqueda ansiosa de reconocimiento y admiración. Se promueve un estilo de vida donde, a costa de construir la apariencia externa, el interior deja de ser la clave del éxito.[2] Los jóvenes usan cualquier medio para manipular fotos y lograr aparentar lo que desean aunque no sea la realidad. En un estudio de la Royal Society for Public Health, en el Reino Unido, se determinó que las redes sociales más perjudiciales para los jóvenes son Instagram, Facebook, Twitter y Snapchat. La encuesta aplicada a 1500 jóvenes, de entre 14 a 24 años, arrojó como resultados que estos medios pueden causar depresión, ansiedad, pérdida de identidad personal y trastornos de la imagen.[3]

Diferentes trastornos psicológicos como la anorexia, la bulimia, la ebriorexia, la vigorexia y muchos otros se han alimentado con la fascinación que se vende sobre la aceptación y la valoración. El peligro de esta cultura radica en que las personas están más preocupadas por la imagen que pueden proyectar en vez de alcanzar un desarrollo personal. Esto ha producido la proliferación de espacios de desarrollo y mantenimiento estético. Estas redes son el nuevo espejo de identidad y también donde la imagen propia tiende a cambiar según los comentarios. El enfoque está en el propio ser como lo más relevante, en función de la relación con otros y de la posición con diferentes grupos sociales.[4]

La imagen transmitida y publicitada a través de la red ha traído como resultado que la autoestima se base más en lo extrínseco que en lo interno y espiritual. La imagen digital está basada sobre connotaciones ilusorias que se distancian de la realidad trascendente. Se pierde ese sentido significativo que fue la clave de los grandes personajes bíblicos. Por ejemplo, de Daniel se dice que su éxito se debió a que: «era superior a estos sátrapas y gobernadores, porque había en él un espíritu superior» (Daniel 6:3); de Josué se escribe: «fue lleno del espíritu de sabiduría» (Deuteronomio 34:9); Jesús mismo dijo: «El espíritu es el que da vida; la carne para nada aprovecha; las palabras que yo os he hablado son espíritu y son vida» (Juan 6:63). Todos ellos dieron importancia al desarrollo interno y no solo a lo externo.

Ellos sabían que, en el reino de los cielos, no se valora a nadie por el físico, por la imagen, por el estatus, ni por las habilidades; sino que se considera lo que es la persona como un ser creado a la imagen de Dios. Así lo explica la indicación dada al profeta Samuel:

> No mires a su parecer, ni a lo grande de su estatura, porque yo lo desecho; porque Jehová no mira lo que mira el hombre; pues el hombre mira lo que está delante de sus ojos, pero Jehová mira el corazón.
>
> 1 Samuel 16:7

Dios examina lo que compone tu mente, es decir, el espíritu, el carácter, la disposición, los principios. Aquí está el contraste entre la cultura digital y la divina: la primera desarrolla lo superficial y físico; y la segunda, lo duradero y eterno. El valor de tu persona lo proporciona la identidad que alcanzas como hijo(a) de Dios, espejo real y completo de lo que eres realmente, acaso: «¿No valéis vosotros mucho más que las aves?» (Lucas 12:24).

Sin límites morales

Al no haber reglas bien definidas en cuanto a la moral y las relaciones interpersonales, los jóvenes se enfrentan a diferentes prácticas y peligros en la red. Es un espacio donde la verdad se disfraza de mentira por medio de depredadores y acosadores que pueden influir en conductas perjudiciales. Dice esta cita: «El ciberespacio ofrece condiciones para transgredir la transparencia, la verdad, la responsabilidad, e incluso, para que la opacidad, las falsedades y la negligencia resulten habituales».[5] Es verdad que puede ser una herramienta útil para la propagación de valores y principios, pero también ser un canal para promover conductas inmorales, anárquicas, violencia, pornografía, ataque a la privacidad, odio, racismo y otras.

El **suicidio** es un problema de salud mental y emocional que aumenta entre los jóvenes. Aunque depende de diversas causas, encuentra promoción y facilitación de los medios en las redes. Se conocen casos que han usado la plataforma Facebook para transmitir en vivo su suicidio lo que, en vez de causar alarma, promueven el morbo y a la normalización. En el aspecto de la **violencia** y los asesinatos, también se hacen publicaciones en vivo sin ningún filtro. Cualquiera puede estar expuesto a un contenido explícito de impacto emocional o favorecer conductas de este tipo, como ocurrió con el estadounidense Steve Stephens, quien subió un video al asesinar a una persona sin ninguna discriminación. En esta nueva cultura virtual, parece no haber respeto por la vida, tampoco reglas para el maltrato o acoso, ni límites para un sinfín de desvalorizaciones que hacen apología a la violencia y al racismo.

En internet se facilitan los ataques anónimos y públicos con efectos emocionales y de inseguridad personal, a lo que se llama ***cyberbullying***. Los niños y adolescentes sufren de este tipo de acoso que los hace propensos a tener baja autoestima, depresión, ansiedad, miedo y trastorno del comportamiento, tanto en la escuela como en la familia. Como respuesta, pueden negarse a ir a clases, ser retraídos y tener pensamientos suicidas.[6] Los acosadores buscan cualquier motivo para agredirlos, ya sea por ser de escasos recursos, si son buenos estudiantes o por su físico. También se encuentran los **depredadores sexuales.** Para este objetivo, falsifican un perfil de alguien atractivo para ganarse la confianza y lograr que le envíen material íntimo comprometedor. Una vez que obtienen las fotos o videos explícitos, los usan para sobornar y obligar a los afectados a hacer lo que ellos desean, con la amenaza de publicarlos.

La red social de Dios

Sencilla, inteligente y creativa. Así fue la campaña publicitaria de una librería mexicana con la frase «Menos Face y más Book» para ganar más aficionados a la lectura. Diríamos que, en el plano que nos compete, «Menos Face y más Biblia» sería la consigna para el balance, ya que la verdad bíblica es necesaria para la buena vida y es la perspectiva de una realidad superior a la virtual.

Una de las tecnologías de más desarrollo es la llamada realidad aumentada, término que se usa para definir una visión directa o indirecta de un entorno físico del mundo real, cuyos elementos se combinan con mecanismos virtuales para la creación de una visión mixta en tiempo real. Dios también tiene una realidad aumentada y ninguna filosofía puede suplantar los parámetros tangibles de Él como un ser real y personal.

Hay múltiples opciones de conexión que proveen una infinidad de formas comunicativas. Sin embargo, estos medios no tienen la capacidad para establecer vínculos reales: nada puede reemplazar la calidad y el significado de las relaciones cara a cara, ni el acercamiento con un Dios personal. Pueden estar en línea con amigos virtuales, pero desconectados del Único que les muestra la realidad aumentada de lo que les espera en el reino de los cielos.

No necesitas escapar de tu experiencia para sumergirte en un mundo imaginario, pues hay un Salvador que conoce tus penurias, temores y angustias. Jesús te promete un mundo ideal, con esperanza, con anhelos auténticos; pero con una realidad aumentada que sobrepasa cualquier expectativa y deseo. Es sincero al decirte que te espera una cruz (Lucas 14:27), persecuciones (2 Timoteo 3:12) y aflicción (Juan 16:33), pero también te ofrece cielos y tierras nuevos (2 Pedro 3:13), vida eterna (Juan 3:16) y cosas nunca antes vistas (1 Corintios 2:9). Ninguna sociedad puede subsistir sin los sabios controles de Dios, sin las relaciones que Él estableció para los seres humanos, sin la conexión espiritual que es parte del ser humano y que le da ese sentido de trascendencia.

Muchos de nuestros jóvenes se sumergen en las profundidades de la red para escapar de sus temores, para darle rienda suelta a sus mundos imaginarios. Algunos buscan fortalecer su estima en los medios digitales, pero nada los puede alejar de la seguridad que otorga la presencia divina. David, en un punto de su experiencia, quiso escapar de su pasado y buscó escudarse en su propio mundo para disociarse de su triste condición. En el salmo 139 reconoce que pocas cosas pueden dosificar las penas y preocupaciones, que solo un Dios real, con propósitos eternos, puede ser la clave para una vida plena y feliz. Dice: «Oh Jehová, tú me has examinado y conocido. Tú has conocido mi sentarme y mi levantarme; Has entendido desde lejos mis pensamientos» (Salmos 139:1-2). Tenemos un Dios que conoce el perfil de todos los seres humanos. En las redes, el muro de muchos no refleja lo que son realmente; solo Jesucristo conoce de una manera nítida tus fotos, tus logros, tus fracasos y el verdadero perfil de tu vida.

David entendió su experiencia al decir: «¿A dónde me iré de tu Espíritu? ¿Y a dónde huiré de tu presencia?» (Salmos 139:7). Con Dios no hay espejismos, sino la seguridad de un Ser que es inmanente a la creación. En la red social divina no hay noticias falsas, no se genera violencia, no se practica la humillación, ni se publican escenarios que alientan el ego y la vanidad. En esta pantalla se presentan los problemas reales, se muestra a la persona tal cual es. David comprendió que, entre todos los contactos, había Alguien que siempre ve la mejor versión, Alguien que se encuentra en el lugar y tiempo exacto sin necesidad de que compartas la ubicación:

> Si subiere a los cielos, allí estás tú;
>
> Y si en el Seol hiciere mi estrado, he aquí, allí tú estás.
>
> Si tomare las alas del alba y habitare en el extremo del mar,
>
> Aun allí me guiará tu mano,
>
> Y me asirá tu diestra.

vss. 8-10

Decide unirte a la red de Dios, llamada GodBook, donde encontrarás a un verdadero amigo (Jesús), un administrador real (Dios el Padre), una realidad aumentada (la eternidad), una política de privacidad (una relación personal con Dios), un botón de *like* (Dios se agrada de ti), noticias verdaderas y reales (anuncios de su amor y venida), emoticonos (sentimientos verdaderos), ciberabrazos (te dará protección), botón de compartir (las buenas nuevas), foto de perfil (tu verdadero rostro) y transmitir en vivo (tu testimonio como su reflejo). Desafíate y suscríbete a este canal para la eternidad.

Desafío 15: Haz un detox digital de internet y videojuegos de por lo menos por un día. Elige actividades placenteras como leer la Biblia, un buen libro, practicar algún deporte, salir con amigos, compartir con la familia, etc.

Permaneced en mí, y yo en vosotros. Como el pámpano no puede llevar fruto por sí mismo, si no permanece en la vid, así tampoco vosotros, si no permanecéis en mí. Yo soy la vid, vosotros los pámpanos; el que permanece en mí, y yo en él, éste lleva mucho fruto; porque separados de mí nada podéis hacer.

Juan 15:4-5

---

1   Bauman, Z. (2000). *Modernidad liquida*. Polity Press & Blackwell Publishers, pp. 19-20.

2   El Sahili González, L. F. (2015). *Psicología del Facebook*. Editorial Trillas, p. 44.

3   Fox, K. (22 de mayo del 2017). «Instagram es la red social más perjudicial para la salud mental de los jóvenes». *CNN en Español*. Recuperado el 17 de febrero del 2023. https://cnnespanol.cnn.com/2017/05/22/instagram-es-la-red-social-mas-perjudicial-para-la-salud-mental-de-los-jovenes/.

4   Fernández Paradas, A. (2015). *Interactividad y redes sociales. Nuevo impulso educativo*. Asociación Editorial ACCI, p. 62.

5   Germán Rodríguez, L. y Pérez Álvarez, M. Á. (2014). *Ética multicultural y sociedad en red*. Fundación Telefónica, p. 39.

6   P. Steyer, J. (2012). *Talking Back to Facebook: The Common Sense Guide to Raising Kids in the Digital Age*. Simon and Schuster, p. 64.

16

Desafiados a encontrar el factor X

Yo creo que el secularismo pluralista, en el largo plazo, es un
veneno más letal que la persecución directa.

Francis Schaeffer

Aunque mi infancia y parte de mi adolescencia estuvieron llenas de momentos felices, no me sentía satisfecho: algo me faltaba para sentirme pleno. Traté de llenar ese «algo» con mi ídolo, un guitarrista sueco considerado el mejor en esa época. Pensaba que conocerlo sería mi máxima experiencia de plenitud, así que gasté todo el dinero que tenía para ir a uno de sus conciertos, pero esto no hizo mayor cambio en mi vida. Después de un tiempo, leí sobre el arresto de mi artista favorito por estar ebrio y golpear a su esposa, entonces me sentí decepcionado. Nos hacemos ídolos de papel que, tarde o temprano se deshacen, nos aferramos a ellos para encontrar ese «algo» que a veces nos falta, sin que hagan ninguna diferencia. Contrario a eso, fue lo que sucedió cuando empecé a caminar de la mano del Salvador, quien me enseñó a ver su gran amor como un factor que sí da sentido y plenitud al transformar nuestras vidas.

Dice el autor Pizzalato que «El secularismo es "una concepción del mundo según la cual este último se explica por sí mismo sin que sea necesario recurrir a Dios (…)"».[1] Así se asimila rápidamente que lo espiritual no es necesario, es poco trascendental e irrelevante para la joven generación. Algunas iglesias cristianas están más preocupadas en adaptarse a los nuevos tiempos, en complacer a la cultura y en retener a los jóvenes de cualquier manera que han descuidado inculcar, en la juventud, las convicciones firmes de la fe. Esta filosofía desplaza a Jesús y lo relega a un segundo plano en las predicaciones, en la doctrina, en la adoración y en los eventos juveniles. Es un gran desafío manejar las diferencias y los cambios culturales sin perder la identidad, de ahí la importancia de que Dios sea el centro de tu vida.

Algunos expertos piensan que el cristianismo está siendo desplazado por una corriente llamada anticristianismo. A diferencia de lo que puede significar la palabra, no se presenta como una negación de Dios o de Cristo, sino como su herencia, superación y relevo. Esta nueva concepción no niega las ideas, categorías e instituciones religiosas fundamentales, pero piensa que han sido vividas de forma incorrecta bajo fundamentos falsos. Se propone a heredar casi todo, pero sin fe ni revelación, sin Dios viviente y sin iglesia. Pero la solución a todo este dilema y todo lo que involucra la predicación del Evangelio no está en los métodos, ni en acomodar a la Iglesia a las concesiones actuales sin buscar un equilibrio. La clave no está en el presente ni en el futuro, ni en reinventar a la Iglesia: está en mirar hacia atrás y volver al invento original, a esas raíces caracterizadas por una relación personal expresada con el primer amor a Jesús.

¿Cristianismo sin Cristo?

Michael Horton, en su libro *Cristianismo sin Cristo*, argumenta que si bien los jóvenes invocan el nombre de Cristo, con demasiada frecuencia es dejado a un lado. El resultado es un mensaje y una fe que son, en palabras del autor, triviales, sentimentales, afirmativos e irrelevantes. Este «evangelio alternativo es un mensaje de moralismo, comodidad personal, autoayuda, superación personal y religión individualista. Una iglesia y eventos juveniles llenos de asistentes, en la que uno puede llegar a pasárselo bien… pero una iglesia sin Cristo».[2] El lema en el nuevo cristianismo es amar a Dios y vivir como quieras.

Según un estudio, el 63 % de los jóvenes en Estados Unidos no creen que Jesús sea el verdadero Hijo de Dios.[3] Más bien lo que creen acerca del cristianismo, la verdad, la realidad y la Iglesia surge de una perspectiva distorsionada que han cosechado del mundo que los rodea. La juventud lee la misma Biblia, habla de una relación personal con su Creador, pero sus prácticas y estilo de vida no armonizan con la esencia de la Palabra de Dios que los identifica como verdaderos seguidores y amadores de Dios.[4] La estrategia de ser culturalmente agradables y accesibles puede llegar a apartar a Cristo o maquillarlo porque es, para el mundo, una ofensa. La estrategia del enemigo no son solo las tentaciones pues tiene algo que es letal para apartarte de la fe de manera sutil: hacer sombra a Cristo hasta que este desaparezca.

George Barna habla del MCD (mínimo común denominador), donde comenta que los jóvenes intentan manejar la vida elevándose a la norma más baja posible. Donde la fe significa saber el nombre de una iglesia, recordar unas pocas historias bíblicas y tener un ejemplar de la Biblia. Si algo espiritual dura mucho, requiere demasiado esfuerzo, cuesta demasiado dinero, parece demasiado complicado o causa demasiada incomodidad, entonces lo más probable es que no entrará en la agenda del día. La religión existe para servir a las necesidades de las personas, no a los propósitos de Dios.[5] Estamos en la era de la religión a la carta, donde los jóvenes creyentes escogen el menú que más se adapte a sus intereses y conveniencia. Este menú no siempre está basado en la orden nutricional de Dios, sino en los gustos y las preferencias de los clientes.

El filósofo francés Blaise Pascal (1623-1662) fue una de las mentes más brillantes del mundo occidental. En el tomo III de sus *Pensamientos*, expuso su célebre «Apuesta de Dios»: «un argumento esencialmente matemático con cuatro variables —formulado como una elección bajo incertidumbre— en el que Pascal sostenía que para el ser humano es mucho más "rentable" creer en Dios que no creer en él».[6] No es suficiente con solo apostar, es necesario agregar el factor X, el componente JESÚS a cada área de la vida.

El joven que vivía una religión sin Cristo

La historia relatada en Marcos 10:17-31 enseña las implicaciones de llevar una vida religiosa no centrada en Jesús. El relato comenta el acercamiento que tiene el joven con el Maestro, a quien le hace esta pregunta: «¿qué haré para heredar la vida eterna?» (vs. 17). Se presume que era un principal que quizás ocupaba un puesto importante en el Sanedrín (Lucas 18:18); lo que indica un buen estatus social, económico y conocimiento de las Escrituras. Esto no era suficiente para darle la seguridad de la vida eterna como bien supremo personal. Tenía esta gran preocupación y confió en el Maestro para obtener una respuesta satisfactoria para asegurar su salvación. Ninguna cosa material o personal, por más buena que parezca, puede darte convicción. Al igual que él, los jóvenes sienten inquietudes acerca de ser o no verdaderos cristianos. Solo dentro de ti mismo verás lo que tiene relevancia, lo que domina tus pensamientos y acciones.

Jesús le habló acorde al conocimiento que tenía y lo desafió a la práctica de los mandamientos relacionados con el prójimo: «Entonces Jesús, mirándole, le amó, y le dijo: Una cosa te falta: anda, vende todo lo que tienes, y dalo a los pobres, y tendrás tesoro en el cielo; y ven, sígueme, tomando tu cruz» (Marcos 10:21). Su consejo, enmarcado en la dimensión humana, le hace notar que el dinero y sus bienes lo habían convertido en una persona egoísta, dejando a un lado el amor, la bondad y la misericordia. Este joven, aunque se consideraba bueno, centró su experiencia religiosa en las formas: se ocupó de satisfacer sus deseos y olvidó la esencia de ser cristiano. Jesús trató de darle solución a su problema y, a la vez, llevarlo a una verdadera experiencia de desarrollo espiritual que diese frutos. Su decisión fue mantenerse en lo que consideraba valioso y así cayó en el terreno de la indiferencia.

Durante este encuentro Jesús le miró tiernamente, lo trató con amabilidad y palabras de misericordia, no de condenación. Le mostró la realidad de su vida y procedió a desafiarlo: si deseaba heredar el reino de los cielos, tenía que lograr vencer al egoísmo y al orgullo, productos de una religión vacía. Estaba ante el momento más importante de su vida, en la misma presencia del Salvador y Señor; era su oportunidad de demostrar que en realidad le importaba la salvación, de comprender que una religión sin Cristo hace olvidar el verdadero propósito. Jesús lo llevó a ver la verdadera riqueza espiritual.

El consejo sabio que le da es que comparta sus riquezas con los pobres porque no le servirán para la salvación, lo insta a amar como Él. Si el joven rico seguía su recomendación, Jesús le haría la invitación de seguirlo y colaborar en su misión. Quedó perplejo ante el pedido ya que no estaba preparado para aceptar la oferta de seguir al Maestro. Sintió tristeza al no aceptar la salvación pero, a cambio, mantuvo sus riquezas: «Pero él, afligido por esta palabra, se fue triste, porque tenía muchas posesiones» (Marcos 10:22). Dios no pretende excluirte de sus beneficios, como tampoco desea que los bienes materiales ocupen su lugar. El corazón no puede ser compartido, su mente no estaba entregada completamente a Dios; era muy buen religioso, pero un deficiente cristiano. No asumió el precio de lo que le faltaba y siguió su camino lejos del Salvador.

Los discípulos dejaron todo porque entendían que seguir a su Maestro era lo más importante, por eso Jesús les aseguró una recompensa: «no hay ninguno que haya dejado casa, o hermanos, o hermanas, o padre, o madre, o mujer, o hijos, o tierras, por causa de mí y del evangelio, que no reciba cien veces más ahora en este tiempo» (Marcos 10:29-30). La historia de este joven da una lección de que los mandamientos, los programas, los eventos juveniles, los conciertos y la vestimenta son importantes y necesarios; pero si no van acompañados de la primacía y centralidad en Jesús son como «metal que resuena, o címbalo que retiñe» (1 Corintios 13:1). El cristianismo, sin «eso que falta», es un -ismo más. Su singularidad está en la persona central de su filosofía: Cristo. Creer en Él y hacer su voluntad es lo que los define como verdaderos creyentes.

Llevar una experiencia religiosa solo es fundamentarse en las formas, lo que le quita la esencia al asistir a la iglesia, cantar himnos, leer la Biblia, pertenecer a un ministerio o un club. El autor inglés John Stott escribió: «Si Jesús no fue Dios hecho hombre, el cristianismo se hunde. Sin su cualidad única, tan solo nos queda una religión más con algunas ideas bonitas y una ética noble».[7] Dios está en la boca de muchos, pero en el corazón de pocos:

«Este pueblo de labios me honra; Mas su corazón está lejos de mí. Pues en vano me honran, Enseñando como doctrinas, mandamientos de hombres» (Mateo 15:8-9). Cristo no vino a la Tierra a enseñar de cristianismo y esta no es sencillamente una religión: es una relación con un Dios personal. Juan afirma que: «En él estaba la vida, y la vida era la luz de los hombres» (Juan 1:4).

El factor X es una variable que produce un impacto significativo en el resultado y que potencia las facultades. Son aquellas actividades que agregarán mayor valor a tu vida y en las que pudieras enfocar todo tu esfuerzo. Para encontrar ese activo, tienes que eliminar la multitud de trivialidades que no le dan sentido a tu vida y dedicar tu tiempo a lo verdaderamente importante. ¿Qué sucedería si, antes de tomar cualquier decisión o salir tras cualquier meta, pudieras identificar, sin temor a equivocarte, el camino que debes seguir? Aquel que te permitirá disfrutar niveles de éxito, felicidad y prosperidad significativos; ese Alguien que te indicará el sueño ideal y el camino indicado a seguir de entre todas las opciones que tienes a tu disposición. Cristo es ese factor X, ese ingrediente inefable e imposible de describir, incluso a veces de entender; es el componente que hace la diferencia.

Sin Cristo, la espiritualidad es filosofía, la Iglesia es entretenimiento, la obra social es filantropía, la salud es solo bienestar, la familia es solo convivencia. Están desafiados a colocar a Dios en el lugar correcto, adorarlo de la forma adecuada y vivir como discípulos de su gracia: «Fíate de Jehová de todo tu corazón, Y no te apoyes en tu propia prudencia. Reconócelo en todos tus caminos, Y él enderezará tus veredas. No seas sabio en tu propia opinión; Teme a Jehová, y apártate del mal» (Proverbios 3:5-7); «El verdadero cristiano mantiene las ventanas del alma orientadas hacia el cielo. Vive en comunión con Jesús. Su voluntad está de acuerdo con la de Cristo. Su mayor deseo consiste en asemejarse cada vez más al Señor».[8]

Desafío 16: ¿Qué te parece si empiezas a escribir el evangelio de Juan a mano? Empieza por el primer capítulo y, mientras lo haces, reflexiona sobre la diferencia que hizo Jesús en la vida de las personas con las que tuvo un encuentro.

> *Conforme a mi anhelo y esperanza de que en nada seré*
> *avergonzado; antes bien con toda confianza, como siempre,*
> *ahora también será magnificado Cristo en mi cuerpo,*
> *o por vida o por muerte. Porque para mí el vivir es Cristo,*
> *y el morir es ganancia.*
> Filipenses 1:20-21

1 Pizzalato, B. (s. f.). «La catequesis y la cultura contemporánea: El secularismo». *Catechetical Review*. Recuperado el 17 de febrero del 2023. https://review.catechetics.com/la-catequesis-y-la-cultura-contempor%C3%A1nea-el-secularismo.

2 Horton, M. (2008). *Christless Christianity: The Alternative Gospel of the American Church*. Baker Books, pp. 26, 15-17.

3 McDowell, J. (2007). *La última generación de cristianos*. Editorial Mundo Hispano, pp. 12, 17.

4 Ídem, pp. 12, 17.

5 Barna, G. y Hatch, M. (2005). *Punto de ebullición*. Editorial Vida, p. 123.

6 Fuentes, H. (23 de noviembre del 2018). «La famosa y controvertida "Apuesta de Dios" del filósofo Blaise Pascal: ¿Por qué es mejor creer?». *Guioteca. ¿Qué quieres saber?* Recuperado el 17 de febrero del 2023. https://www.guioteca.com/fenomenos-paranormales/la-famosa-y-controvertida-apuesta-de-dios-del-filosofo-blaise-pascal-por-que-es-mejor-creer/.

7 Stott, J. (1971). *Cristianismo básico*. Intervarsity Press, p. 8.

8 G. White, E. (1991). *Dios nos cuida*. Asociación Publicadora Interamericana, p. 282.

17

Desafiados por la máquina del tiempo

Un minuto que pasa es irrecuperable. Conociendo esto,
¿cómo podemos malgastar tantas horas?
Mahatma Gandhi

Lamento haber perdido tres años de mis estudios de preparatoria por rebeldía, irresponsabilidad y para escaparme con los amigos. No valoraba ni le daba el uso adecuado al tiempo, ni era consciente de cómo esto afecta nuestro presente y futuro. Tuve que esforzarme al máximo para recuperar parte de esos años de inestabilidad. Ahora, ya adulto, trato de aprovecharlo al máximo porque sé que es el activo más valioso que poseemos. Cada joven necesita aprender a valorar su utilidad y prepararse para la eternidad.

Hay frases muy comunes sobre el paso del tiempo: que no se recupera, que no se puede retroceder y que olvida todo. Seguro has escuchado estas expresiones que muestran la necesidad de usarlo adecuadamente. Los indios creían que era cíclico, los griegos pensaban que algo subjetivo, los romanos que servía para ocio y negocio, y en la época actual es un tesoro valioso que tienes que administrar de forma sabia.

En la película llamada *In Time* se describe la sociedad del año 2160, donde el tiempo llega a sustituir al dinero y ser considerado como el activo más valioso. Invierte en el banco las horas para guardar lo más importante en la vida. El reloj no detiene su marcha, los minutos avanzan a paso acelerado, así que necesitas saber gestionar cada hora para usarlas en alcanzar las metas. Este es un tesoro que se puede aprovechar o perder, y dentro de él encuentras la productividad, los logros y la utilidad personal.

La importancia de aprovechar el tiempo

La sabiduría es importante a la hora de administrar bien el tiempo: «Mirad, pues, con diligencia cómo andéis, no como necios sino como sabios, aprovechando bien el tiempo, porque los días son malos» (Efesios 5:15-16). Requiere que lo aprovechen porque no se vuelve a recuperar, los días buenos pasan. Así que conviene que sean productivos para cuando lleguen los malos. Los antediluvianos malgastaban el tiempo: «comiendo y bebiendo, casándose y dando en casamiento, hasta el día en que Noé entró en el arca» (Mateo 24:38). Como era costumbre, hacían sus actividades cotidianas y no se percataron del desastre natural que vendría. El tiempo, aunque parezca mucho, es corto (1 Corintios 7:29). La vida es como un soplo: se va en un abrir y cerrar de ojos.

En cada instante, tú decides lo que haces con el tiempo. Aprovecha las oportunidades únicas para lograr objetivos como alguna tarea edificante, fortalecer relaciones y acercarte a Dios; o vivir con una actitud de diligencia, responsabilidad y dedicación ante la brevedad de la vida. Por ello necesitas conocer el momento en que vives, como se aconseja: «Y esto, conociendo el tiempo, que es ya hora de levantarnos del sueño (...). La noche está avanzada, y se acerca el día. Desechemos, pues, las obras de las tinieblas, y vistámonos las armas de la luz» (Romanos 13:11-12). Es decir, desarrollar la conciencia de la realidad presente, estar preparados para hacer una distinción entre las tinieblas y la luz.

Comprender la temporalidad y transitoriedad de la vida te hará gestionar tus asuntos de manera efectiva. Eres finito y vulnerable, por eso el salmista expresó: «Los días de nuestra edad son setenta años; Y si en los más robustos son ochenta años, Con todo, su fortaleza es molestia y trabajo, Porque pronto pasan y volamos» (Salmos 90:10). La juventud es breve: tarde o temprano tendrás que enfrentar los desafíos de otra etapa de la vida. Por eso cada instante cuenta para la eternidad al poner «la mira en las cosas de arriba, no en las de la tierra» (Colosenses 3:2). Esto será una realidad para aquellos que no se enfocan en lo fugaz sino en lo que trasciende. Todo espacio de vida es valioso y, al no usarlo en lo mejor que puedes, perderás mucho para el futuro cercano que te espera.

Cuando mantienes un balance en el uso del tiempo adquieres algo de temperancia, la cual te provee de herramientas para dar importancia a cada aspecto de la cotidianidad. También para que disfrutes los instantes satisfactorios, de crecimiento, afectivos, de reflexión y de conexión divina. Estos deben enriquecer tu vida para inspirarte a colocar cada cosa en su lugar de importancia, como lo es la relación con Dios. Jesús animó a sus oyentes a tener prioridades: «Mas buscad primeramente el reino de Dios y su justicia, y todas estas cosas os serán añadidas» (Mateo 6:33). El estilo de vida actual ha sustituido algunas actividades relevantes de la experiencia juvenil. La invitación de buscarlo a Él primero marca el orden de prioridades, lo que hará más funcional y efectivo el vivir.

Hay momentos para realizar alguna acción de acuerdo al contexto y para facilitar el bienestar. Cuando ocupas el tiempo en trivialidades, no lo aprovechas para crecer espiritual, mental y físicamente. Las actividades sencillas y gratificantes como leer un libro, orar, compartir con la familia y amistades, el ejercicio, crear algo, desarrollar proyectos, aprender idiomas o tocar un instrumento musical, todo esto contribuye a tu desarrollo integral y te prepara para alcanzar metas más elevadas: «Todo lo que te viniere a la mano para hacer, hazlo según tus fuerzas» (Eclesiastés 9:10). El tiempo de accionar es ahora, cada día se convierte en tu futuro más cercano. Si construyes sobre el propósito que tienes, también lo harás para tu felicidad.

Tiempo de entrenar la fe

Quizás te preguntes: ¿cómo puedo aprovechar bien el tiempo? La respuesta sería: apartando espacios importantes para que entrenes la fe y te prepares para la eternidad. Esta fue la experiencia de un joven que tuvo que cambiar la rutina de su vida. El joven Timoteo era judío por parte de madre y griego por su padre. La formación en su adolescencia fue la helenística y se desarrollaba en los gimnasios. Sócrates decía: «Es tan importante entrenar el cuerpo como para un rey entrenar su alma». En estos centros se practicaba el ascetismo, que refiere al pulimento y refinamiento en los ejercicios físicos preparatorios del gimnasta, anteriores a una competición deportiva. Más adelante, este término se aplicó a la fe como medio para purificar el espíritu y de la negación de los placeres. Indicaba despojarse de todo lo que impedía hacer una buena carrera y desarrollar la fuerza en los atletas.

La rutina normal de Timoteo comprendía el ejercicio intenso durante varias horas para el desarrollo físico. Un día recibió carta de un entrenador espiritual, donde leyó la siguiente recomendación: «Desecha las fábulas profanas y de viejas. Ejercítate para la piedad; porque el ejercicio corporal para poco es provechoso, pero la piedad para todo aprovecha, pues tiene promesa de esta vida presente, y de la venidera» (1 Timoteo 4:7-8). El joven se hizo las siguientes preguntas: ¿cómo se ejercita la piedad? ¿Cuáles son los instrumentos para desarrollarla? ¿Qué beneficios trae? Sabía muy bien cómo cultivar los diferentes músculos del cuerpo, pero la piedad no. Su tutor quería mostrarle que usaba su tiempo de forma inadecuada, que debía tener prioridades para cumplir su propósito, y necesitaba más constancia y compromiso.

Los jóvenes se preparan para la carrera de la vida eterna y necesitan ocupar el tiempo adecuadamente. Participar en las olimpiadas de la salvación amerita dedicación y esfuerzo, lo que no permite el descuidar el entrenamiento que permitirá llegar a la meta. Pablo anima a su joven discípulo a dedicar sus energías al desarrollo espiritual, como lo primero y más importante: «Sé diligente en estos asuntos; entrégate de lleno a ellos, de modo que todos puedan ver que estás progresando» (1 Timoteo 4:15, NVI). Para ello, Timoteo tenía que entrenarse en varias disciplinas que lo harían apto para la competencia de la fe:

- **Oración:** «Exhorto, ante todo, a que se hagan rogativas, oraciones, peticiones y acciones de gracias, por todos los hombres» (1 Timoteo 2:1). Esta herramienta fortalece el músculo de la dependencia.

- **Biblia:** «En tanto que llego, dedícate a la lectura pública de las Escrituras, y a enseñar y animar a los hermanos» (1 Timoteo 4:13, NVI). Fortalece el intelecto y el conocimiento pleno de la verdad.

- **Dones:** «No dejes de ejercitar el don que recibiste por medio de una profecía, cuando los ancianos de la iglesia impusieron las manos sobre ti» (1 Timoteo 4:14, NBV). Desarrolla la fe práctica.

- **Fe:** «Nutrido con las palabras de la fe» (1 Timoteo 4:6). Aumenta la confianza.

- **Doctrina:** «Ten cuidado de tu conducta y de tu enseñanza. Persevera en todo ello, porque así te salvarás a ti mismo y a los que te escuchen» (1 Timoteo 4:16, NVI). Fundamenta una cosmovisión plena.

- **Ejemplo:** «Ninguno tenga en poco tu juventud, sino sé ejemplo de los creyentes en palabra, conducta, amor, espíritu, fe y pureza» (1 Timoteo 4:12). Tonifica y define el músculo del testimonio.

- **Permanencia:** «Ocúpate en estas cosas; permanece en ellas, para que tu aprovechamiento sea manifiesto a todos» (1 Timoteo 4:15). Crecimiento de la constancia y la consagración.

- **Testificación:** «Así que no te avergüences de dar testimonio de nuestro Señor, ni tampoco de mí, que por su causa soy prisionero» (2 Timoteo 1:8, NVI). Nutre la cooperación y la fidelidad.

Están llamados a desarrollar virtudes que provean bienestar y estabilidad personal. Como menciona el texto: «Ninguno tenga en poco tu juventud, sino sé ejemplo de los creyentes en palabra, conducta, amor, espíritu, fe y pureza» (1 Timoteo 4:12). Estas fortalezas disminuyen la influencia del pragmatismo sobre la responsabilidad y el entrenamiento de la espiritualidad; donde también se le da valor a las cosas por su utilidad y se convierte en un veneno distanciador de aquellas formas conductuales que se desarrollan con esfuerzo y obediencia.

El esfuerzo en el entrenamiento espiritual les hará aptos para obtener, más que un cuerpo perfecto, la corona de la victoria en Cristo:

¿No saben que en una carrera todos los corredores compiten, pero solo uno obtiene el premio? Corran, pues, de tal modo que lo obtengan. Todos los deportistas se entrenan con mucha disciplina. Ellos lo hacen para obtener un premio que se echa a perder; nosotros, en cambio, por uno que dura para siempre.

1 Corintios 9:24-25

Otro beneficio del gimnasio espiritual es que desarrollarán un discernimiento armonioso con los principios divinos y personales, una percepción adecuada que les permitirá interpretar la realidad desde otra visión, y el anhelo de las cosas buenas para este presente y el futuro (Hebreos 5:14). Todo esto tiene un beneficio para la vida al capacitarlos para enfrentar los momentos difíciles con confianza y seguridad, al usar el tiempo de manera eficiente.

Los jóvenes se sienten con dificultad para comprometerse con Dios porque no han ejercitado la inteligencia espiritual. Ya que han sido educados para correr en dirección contraria, y solo si se entrenan de forma constante para lograr conocimiento espiritual, serán capaces de apreciar las cosas eternas. Ocupen su corazón en actividades de bienestar emocional y espiritual que fortalezcan su mente y la sensibilicen hacia las cosas de Dios. Cuando se enfrenten al desafío del tiempo, aprovechen cada instante a plenitud y corran con fuerza y paciencia la carrera que los llevará a cumplir su propósito y a la meta celestial.

Desafío 17: Haz una lista de actividades satisfactorias que te ayuden a aprovechar mejor el tiempo cada día.

Porque dice: En tiempo aceptable te he oído.
Y en día de salvación te he socorrido.
He aquí ahora el tiempo aceptable; he aquí ahora
el día de salvación.
2 Corintios 6:2

18

Desafiados a recalcular la ruta

Aunque nada cambie, si yo cambio, todo cambia.

Honoré de Balzac

Al hacer un análisis de mi pasado, me pregunto: ¿dónde estaría ahora si Dios no hubiera cambiado el rumbo de mi vida? Sin madre, sin un hogar propio, con el *heavy metal*, sin deseos de estudiar; no caminaba hacia un futuro prometedor, sino en una vía contraria. Ninguna experiencia de vida es lineal: de seguro también tendrás muchos desvíos, pero siempre contarás con la seguridad de que hay un GPS que te redirigirá hacia la ruta correcta.

La autonomía establece que, para el individuo, es posible aprender a construir de manera independiente los valores y las normas sin otra ley que la de la propia razón, que es posible aprender a resolver los conflictos de valores, respetar opciones diferentes y a vivir libremente. Los jóvenes deciden ser independientes por la necesidad de tener libre albedrío, un espacio conveniente, enfrentar nuevas metas, tomar decisiones propias y enfrentar la vida por ellos mismos. Lo peligroso de esto es cuando estableces tu propio código moral y vives de acuerdo a tus propias reglas sin hacer una evaluación de los riesgos.

Thalía es una de las cantantes mexicanas más famosas, en su canción «A quién le importa» expresa lo que es la filosofía de los jóvenes que quieren experimentar una vida autónoma de los parámetros establecidos:

La gente me señala, me apuntan con el dedo, susurra a mis espaldas, y a mí me importa un bledo. Qué más me da. Si soy distinta a ellos, no soy de nadie, no tengo dueño (...). Mi destino es el que yo decido, el que yo elijo para mí. ¿A quién le importa lo que yo haga? ¿A quién le importa lo que yo diga? Yo soy así, y así seguiré, nunca cambiaré.

Esto parece reflejar la sociedad actual: sin reglas, normas, trabas y el vivir en completa libertad.

El joven que quiso autonomía

Como ejemplo de vivir con autonomía, tenemos al hijo pródigo quien, ejerciendo su libertad de decisión, determinó que había llegado el momento de tomar el control de su vida. Este joven tenía un futuro brillante delante de sus ojos, por lo que deseaba aprovechar las oportunidades para emprender, viajar, conocer gente y vivir al máximo. Es el mismo pensamiento de los jóvenes actuales, ya que desean ser capitanes de su propio destino, ser independientes y caminar hacia la satisfacción y los logros.

Esta historia se registra en Lucas 15:11-32, comenta que un hijo le hace este pedido al padre: «dame la parte de la herencia que me corresponde» (vs. 12). Planificó independizarse y que nadie interfiriera con su futuro, tomar sus propias decisiones y vivir bajo sus propias reglas. Este adolescente no quería esperar a que su padre repartiera los bienes antes de morir. Entonces, pidió la parte de dinero que no había trabajado ni ganado. Se negó a responder al compromiso y sus responsabilidades como hijo, pero no a recibir beneficios ni privilegios. Sucede así también en el plano espiritual, cuando no se quiere vivir de acuerdo a las directrices divinas pero sí recibir los activos espirituales y materiales de saberse hijo o hija de Dios.

Cuando tomó la decisión de marcharse, escogió una ruta contraria a la que le convenía puesto que lo alejaría de las vivencias de su hogar: «Juntándolo todo el hijo menor se fue lejos a una provincia apartada» (vs. 13). Las implicaciones fueron apartarse de su padre e irse a un lugar muy lejano. Pensó que ya estaba cansado de vivir bajo los parámetros y controles paternos y, fatigado de las restricciones familiares, necesitaba otros aires. ¿Te identificas con este joven? Claro que es atrayente una vida sin las normas paternas, ni de la iglesia, ni de la escuela. Quieres independencia y autonomía para que nadie tenga que decirte cómo vivir y hacer, escuchar, ver y sentir lo que deseas. Aun así, hay que valorar a quienes desean tu bien, valorar lo verdadero y genuino.

La realidad fue que no supo administrar los recursos: «desperdició sus bienes viviendo perdidamente» (Lucas 15:13). Se llevó del hogar lo único que consideró importante para sus futuros planes, no usó con sabiduría lo que recibió y caminó hacia la ruta del fracaso. ¿Qué es lo más valioso para ti? Ojalá que Dios esté en tu lista pues no conviene llevar una vida independiente de Él: malgastarás tus energías físicas, mentales y espirituales, así como el tiempo y tu juventud, aspectos difíciles de recobrar. Tal como se esfumó el dinero de este joven, no puedes recuperar tu vida una vez que la desperdicias; aunque te levantes de nuevo, hay cosas que no se rescatan.

Si decides vivir lejos de Dios, no creas que ganas algo ni que te beneficias; al contrario, no estás construyendo sobre lo mejor y lo más valioso que es la eternidad. No es de sabios sucumbir ante los placeres y el entretenimiento como las drogas, el alcohol, la pornografía, las fiestas, la música, etc. Si solo inviertes en las cosas momentáneas que desaparecen, puedes correr con la misma suerte. Dios en la lejanía se acuerda de ti y te ama, porque quiere que vivas y disfrutes la mejor experiencia de ganancia, que es el futuro que Él te ofrece.

Ninguna historia es lineal, así que llegó el momento crítico en la aventura de este fugaz empresario: «vino una gran hambre y comenzó a faltarle» (Lucas 15:14). Las condiciones externas cambiaron y fueron en su contra; este joven no estaba preparado para enfrentar los tiempos malos. En buen tiempo hay que aprender a desarrollar los recursos personales, a ahorrar como la hormiga, fortalecer la fe y fomentar las buenas amistades. Su panorama cambió, como sucede con jóvenes prometedores con muchas capacidades que terminan con un porvenir poco promisorio, fracasados y frustrados. No solo no comprenden la vida sino tampoco lo que dijo Jesús: «separados de mí, nada podéis hacer» (Juan 15:5). Aunque no puedas controlar las circunstancias y algunas te tomen por sorpresa, sí puedes escoger a quién haces importante en tu vida y pueda ser tu aliado.

El ser humano, a veces, insiste en repetir conductas que no funcionan, lo mismo que este joven: «Y fue y se arrimó a uno de los ciudadanos de aquella tierra, el cual le envió a su hacienda para apacentar cerdos» (Lucas 15:15). Le fue mal y tuvo consecuencias dolorosas, pero persistió en continuar con sus desacertadas soluciones que lo llevaron a estar atrapado en conductas vergonzosas y denigrantes, como desear y hasta comer la comida de los cerdos y sentir que era lo mejor que tenía. Así son aquellas prácticas vivenciales no armoniosas con los deseos divinos que no son dignas de ti. ¿Por qué tendrías que alimentarte de ellas si tienes muchas cosas buenas para alimentarte y Dios te provee la mejor comida?

Lo bueno de la vida es que, cuando haces conciencia de tu realidad, te brinda la oportunidad de recalcular tu ruta y encontrar con tu GPS el camino correcto: «Me levantaré e iré a mi padre» (Lucas 15:18). Al darse cuenta de su deplorable condición, ya no había retorno a lo mismo, ya no había futuro en la lejanía, no le quedaba más que darle otro significado a su experiencia en casa, más allá de los reproches y las restricciones. Así que se acuerda de la persona que realmente lo ama, pero volver implicaba reconocer, aceptar y someterse a la autoridad basada en el amor y la misericordia. Ya no importaba lo bajo que había caído, cuán lejos se encontraba, ni lo desperdiciado: sabía que tenía un padre que le esperaba y que le perdonaría, que le ama y abrirá sus brazos para aceptarlo de nuevo.

Al encontrar la ruta una vez más, también el camino a la casa de la abundancia: «Pero el padre dijo a sus siervos: Sacad el mejor vestido, y vestidle; y poned un anillo en su mano, y calzado en sus pies» (Lucas 15:22). La respuesta del padre es la misma del maravilloso Dios que, aun cuando su hijo no lo merece, lo ama. Con actitud de gozo dispone ropa, calzado y un anillo para él, lo que representaba el privilegio de ser el administrador de todo lo que posee el padre. Algunas veces el terreno donde fracasas es donde Dios te desafía. ¿Cómo recibir tanto cuando no mereces nada? Eso es lo que te da Dios: desea bendecirte pues sabe lo que necesitas, te provee y te acepta. Tu desafío es ser consciente y detenerte, recalcular la ruta de tu vida, dejar que Dios tome el control y llegar a tu mejor destino.

Jesús puede recalcular tu ruta

Aunque Jesús dirige tus pasos, puedes cometer errores e ir por el camino equivocado. En el punto en que te encuentres, Dios tiene la capacidad de redireccionar tu ruta porque: «Los pasos de los hombres buenos los dirige el Señor. Se deleita en cada paso que dan. Si caen, no es fatal, porque el Señor los sostiene con su mano» (Salmos 37:23-24). Nunca estás completamente perdido como para que Él no te encuentre. Tampoco en una situación tan contraria que no pueda devolverte al rumbo correcto. Más bien se convierte en el GPS del automóvil de tu vida, el cual te guiará con las instrucciones necesarias para llegar a tu destino.

Los errores no detienen el plan que Dios tiene para cada joven, puesto que los proyecta hacia un destino mejor. Esto fue lo que hizo Jesús cuando recalculó la ruta equivocada de María Magdalena y la llevó a encontrar el camino de la restauración; al ayudar a Pedro a caminar de nuevo hacia la senda del amor y la fidelidad; insistir en el corazón de Nicodemo para abandonar su viaje distorsionado de formas y legalismo, y se reencontrara con la gracia; al amar a Zaqueo e invitarlo a abandonar la injusticia y deshonestidad para disfrutar de un hogar restaurado; y llamar a un pobre ladrón en los últimos pasos de su vida a la vía segura de un reino de perdón y salvación.

Un cambio drástico de ruta obrado por Dios es el que vemos en el caso de Saulo de Tarso. Cuando se dirigía a exterminar a los cristianos en Damasco, fue derribado de su caballo y llamado a cambiar la orientación de su vida: «Mas yendo por el camino, aconteció que al llegar cerca de Damasco, repentinamente le rodeó un resplandor de luz del cielo» (Hechos 9:3). Jesús había intentado por algunos medios indicarle que, aunque a él le parecía bueno su camino, necesitaba cambiar de dirección: «Él dijo: ¿Quién eres, Señor? Y le dijo: Yo soy Jesús, a quien tú persigues; dura cosa te es dar coces contra el aguijón» (vs. 5). Se mostró a sí mismo como el perseguido y le planteó otro significado sobre su actuar. De esta manera, cambió su perspectiva y su proyecto de viaje se enfatizó en anunciar a quien perseguía: «En seguida predicaba a Cristo en las sinagogas, diciendo que este era el Hijo de Dios» (vs. 20).

Jesús puede recalcular la ruta sin importar lo lejos o perdido que estés. Te busca cuando estás extraviado, coloca frente a ti los medios para que detengas tu marcha y te animes a redimensionar tu experiencia de vida. Esto implica esfuerzo y recuperar el tiempo perdido pues, con su ayuda, iniciarás un caminar en armonía con sus planes para ti: «Volveos ahora cada uno de vuestro mal camino, y enmendad vuestras obras (...) y viviréis en la tierra que di a vosotros y a vuestros padres» (Jeremías 35:15).

Quizás tu vida se desvió de la autopista de la felicidad y has encontrado caminos que te parecen derechos, pero que te llevan a la destrucción (Proverbios 14:12). Rutas que te han llevado a situaciones difíciles y peligrosas, rutas de vicios, de crisis emocionales y vacíos existenciales, de fracasos y miedos. Aun así hay un desafío que no puedes ignorar: oye la voz de Jesús que te invita a retomar la ruta de la salvación para llevarte a su hogar.

Un día al estar en lo más bajo,
decidí mirar hacia lo alto.
Con ropas míseras reconocí
que en casa de mi Padre tenía tanto.

Redirecciono la ruta para volver
de donde nunca debí haberme ido.
Y encuentro tanto amor
que por lo vivido no me siento perdido.

Maravilloso Padre, contigo me encuentro,
no merezco ni tengo nada.
Me llenas de tus misericordias
y me aceptas de nuevo en tu morada.
¡Padre, contigo no temo, sé que me amas!

Jesús Alberto Fernández Martínez

Desafío 18: ¿Sabes en qué ruta estás ahora? Recuerda que puedes orientarte con el GPS si has perdido el rumbo para volver a la casa del Padre.

*Deje el impío su camino, y el hombre inicuo
sus pensamientos, y vuélvase a Jehová,
el cual tendrá de él misericordia, y al Dios nuestro,
el cual será amplio en perdonar.*
Isaías 55:7

19

Desafiados al máximo potencial

Desde muy joven tuve que trabajar en diferentes oficios para poder tener lo que deseaba. En mi época no se dependía tanto de los padres y esas experiencias me ayudaron a enfrentar con valentía los desafíos que la vida me presentó. Hoy día reflexiono en las fortalezas que habría adquirido con el conocimiento de Dios y de su Palabra a esa edad. Podemos ser fuertes por muchas cosas, pero la mayor fortaleza es aquella que brinda la seguridad de un Dios poderoso.

Está en boga la importancia de la inteligencia emocional, el bienestar y el desarrollo de emociones positivas. Esto no es ajeno a la juventud, ya que desarrollar algunas capacidades positivas promueve la estabilidad personal. La contraparte a esto es la angustia, la incertidumbre y la preocupación como reacciones normales ante los desafíos.

El término «generación de cristal» fue desarrollado por la filósofa española Monserrat Nebrera, quien describe a algunos jóvenes entre los 16 y 25 años. La relación con el cristal se debe a la dualidad de transparencia y fragilidad que caracteriza su personalidad y comportamiento: son sensibles porque han crecido con una autoridad débil y sobreprotectora, por lo que expresan poca empatía, escaso interés por la lectura y la cultura, aunque prevalecen sus habilidades audiovisuales y tecnológicas. Manejan poca tolerancia a la crítica, al rechazo y a la frustración.

El apóstol Juan fue el discípulo más cercano a Jesús y tuvo que enfrentar su difícil carácter y ambiciones. Durante este tiempo, fue llevado por su Maestro a una transformación de estos aspectos y a desarrollarlos como potencialidades lejos del formato negativo. Así es como pudo comprender, desde la humildad y el amor, el secreto de la victoria de una nueva vida, donde pasó de ser «hijo del trueno» a ser el discípulo amado. En su primera carta anima a las generaciones de jóvenes cristianos a fortalecer su fe y a derribar el paradigma de que son frágiles. Los insta a descubrir sus fortalezas y debilidades, a desarrollar herramientas de bienestar para obtener un balance en la personalidad y ser resilientes para afrontar los desafíos.

Jóvenes desafiados

Juan desafía a la juventud con este llamado: «Os escribo a vosotros, jóvenes, porque habéis vencido al maligno» (1 Juan 2:13). De antemano los llama vencedores pues han tenido las capacidades y habilidades para vencer a quien se levanta como enemigo. Desmiente la percepción relativa de que son frágiles, plantea una visión amplia y fuerte donde el mayor activo es la fe: «Porque todo lo que es nacido de Dios vence al mundo; y esta es la victoria que ha vencido al mundo, nuestra fe» (1 Juan 5:4). ¡Sorprendente! Cada joven cuenta con una herramienta valiosa desde la cual desarrollará confianza, seguridad, dependencia, templanza y firmeza. Tú puedes hacer frente al ser creado más poderoso, aquel que logró engañar a la tercera parte de los ángeles y a nuestros primeros padres.

La palabra griega usada para vencer es *nikoo* que denota 'subyugar', 'ganar el veredicto', 'prevalecer' y 'dominar'. Se refiere a las capacidades que se poseen para vencer los obstáculos, más allá de las diversas formas sociales de ser exitosos que ponen su vista en lo externo y que no ofrecen seguridad. Los jóvenes necesitan que se crea en ellos, darles la oportunidad de ser protagonistas de sus propias vidas y de sus proyectos, y guiarlos en ese proceso. Pueden ser responsables de sus respuestas ante los fracasos, las caídas, el dolor, las frustraciones y las decepciones; desde la estabilidad, verán alternativas y la ayuda divina que está presente en los momentos difíciles. Verán a ese Dios que cree en cada uno y no abandona, ni tampoco los deja fuera de sus planes.

En este mismo relato se dan dos características importantes para obtener el éxito:

1. Conocer al Padre

Se refiere a la importancia de mantener una relación personal y significativa con Dios como un padre que ama y cuida: «os he escrito a vosotros, hijitos, porque habéis conocido al Padre» (1 Juan 2:13). La fragilidad es consecuencia de tener un conocimiento superficial porque saben, leen y escuchan de Él, pero no lo conocen por experiencia propia. Jesús dijo: «Y esta es la vida eterna: que te conozcan a ti, el único Dios verdadero» (Juan 17:3) y «Yo soy el buen pastor; y conozco mis ovejas, y las mías me conocen» (Juan 10:14). Aquí se usa el término griego *ginosko* que refiere a 'reconocer', 'comprender' y 'entender'. Esta fue la vivencia de Juan con Jesús: él lo conoció y vio en su persona los resultados de una relación cercana y transformadora. Para estar en su presencia no se necesita solo información de Dios, es necesario el vínculo afectivo.

No basta con conocer al Dios de tus padres, del que has escuchado a otras personas, ni por predicaciones, libros, foros, testimonios, etc.: hay que buscarlo de todo corazón y conocerlo de forma viva y personal. Comprender la verdad sobre su carácter desde un conocimiento inteligente, no como una mera ilusión, sino desde la revelación de la Biblia. Experimentar la cercanía de su amor, misericordia y grandeza como son mostrados al ser humano. La naturaleza y la Biblia revelan de Él, pero quien lo muestra realmente es Jesús: «El que me ha visto a mí, ha visto al Padre» (Juan 14:9).

En el capítulo 40 de Isaías se describe cómo Dios envió mensajes de esperanza y fortaleza a la juventud de ese tiempo. En el contexto de esta historia estaban fatigados de estar en medio del cautiverio, de vivir penurias, inmoralidad; de ver un futuro sin esperanza, de sufrir las consecuencias de sus padres, de no vivir la vida a plenitud. ¿De qué están cansados los jóvenes? Recuerden que Dios no desfallece, ni se fatiga con cansancio (Isaías 40:28), te fortalece cundo flaqueas y puede levantar tu vida. Así que, cuando sientas que ya no puedes más y estás a punto de desmayar, recuerda que quienes conocen a Dios, los que esperan en Él, aunque se sientan frágiles y débiles, serán tan fuertes que volarán como águilas y no serán vencidos. ¡Cree como joven en la ayuda divina! Dice Isaías 40:30-31: «Los muchachos se fatigan y se cansan, los jóvenes flaquean y caen; pero los que esperan a Jehová tendrán nuevas fuerzas».

2. Conocer la Biblia

Creer en ella en un tiempo marcado por el escepticismo es un gran desafío para cada joven cristiano, ya que es considerada obsoleta e irrelevante. El consejo es: «Os he escrito a vosotros, jóvenes, porque sois fuertes, y la palabra de Dios permanece en vosotros, y habéis vencido al maligno» (1 Juan 2:14). Ser fuerte y enfrentar de una manera favorable los desafíos es permanecer en su Palabra. Esto es importante porque produce un efecto de seguridad e identidad que marca la dirección de vida. Por eso David pregunta: «¿Con qué limpiará el joven su camino? Con guardar tu palabra» (Salmos 119:9). La voz de Dios tiene la misma potencia de la luz, es la misma onda expansiva generadora de actividad, de vida y de poder. Nadie puede mantenerse inerte ante el sonido de su voz.

Durante unas conferencias de énfasis espiritual, asistió un hombre vestido con uniforme militar; el tema era sobre el poder de la Palabra de Dios en nuestras vidas. Al final, el soldado norteamericano se levantó de su silla y pasó a relatar su experiencia como combatiente en la guerra de Irak. Contó cómo, ante la angustia de ver a soldados y amigos muriendo a su lado por bombas y heridos de bala, siempre tomaba una pequeña Biblia y la ponía en su corazón. Era un pequeño Nuevo Testamento, cuya caratula contenía los colores del uniforme de los marinos. En medio de su relato, tomó el pequeño libro en sus manos y me lo obsequió, diciendo: «Yo pensé que el verdadero poder estaba en tenerla conmigo en medio de la batalla, pero ahora he entendido que su verdadera autoridad va mucho más allá. Está en leerla y vivirla».

La Biblia es el libro más traducido, leído, admirado y vendido en la historia de la humanidad. Su mayor poder está en la capacidad de cambiar las vidas y transformar las mentas humanas. Cuando la Palabra de Dios está y forma parte de ti, te santifica y te hará fuerte y resistente. Sobre esto, podemos leer:

No se ha planeado nada mejor para fortalecer el intelecto que el estudio de la Biblia. Ningún otro libro tiene tanto poder de elevar los pensamientos y dar vigor a las facultades como las amplias y ennoblecedoras verdades de la Biblia. Si se estudiara la Palabra de Dios como se debe, los hombres tendrían una grandeza de espíritu, una nobleza de carácter que raramente puede verse en estos tiempos (...). Los que estudian la Palabra, recibiéndola por fe como la verdad, y recibiéndola en el carácter, **serán completos** en Aquel que es todo en todos.[1]

El secreto de la fortaleza

La Palabra de Dios fue el fundamento del ministerio de Jesús por la cual neutralizó al tentador y lo venció. Cuando enfrentó a su enemigo en el desierto, dice el evangelio: «Y después de haber ayunado cuarenta días y cuarenta noches, tuvo hambre» (Mateo 4:2). Este fue un momento propicio para tener contacto profundo con su Padre, porque sabía que en Él estaba el poder que necesitaba para la confrontación con el enemigo. En esos cuarenta días, se puso de manera especial en contacto con la Palabra: la hizo suya, permaneció y encontró en ella el aliciente necesario para salir victorioso.

Al final del ayuno, el tentador se acercó (Mateo 4:3) pensando que Jesús estaba débil y vulnerable. Pero se equivocó porque, aunque estaba físicamente en su punto más frágil, espiritualmente estaba en su estado más fuerte. El desenlace de ese conflicto en el desierto fue a favor de Cristo porque conocía al Padre y su Palabra permanecía en Él. Sus lemas de victoria fueron: «No solo de pan vivirá el hombre» (vs. 4), «no tentarás al Señor tu

Dios» (vs. 7) y «Escrito está» (vs. 7). Esta puede ser tu misma experiencia al enfrentar los conflictos de la vida, pues los rivales a los que te confrontes no son invencibles: posees los dones suficientes para vencer, tu fragilidad se perfecciona en el poder de tu Dios y puedes vencer con tus recursos personales y la ayuda de Él. Porque: «Os he escrito a vosotros, jóvenes, porque sois fuertes, y la palabra de Dios permanece en vosotros, y habéis vencido al maligno» (1 Juan 2:14).

Hay una historia inspiradora sobre la fortaleza que puede tener la juventud en su fe y la influencia que puede ejercer en sus entornos. Rachel Joy Scott de solo 18 años, estudiante cristiana, fue la primera víctima de la masacre ocurrida en la escuela secundaria de Columbine, en la cual Eric Harris y Dylan Klebold asesinaron a doce estudiantes y un profesor. Rachel salió a almorzar con su amigo Richard Castaldo en los jardines exteriores de la biblioteca escolar. Allí, el líder de los atacantes le disparó en la pierna para luego preguntarle si se avergonzaba de Dios, como manera de salvarse. A lo que ella valientemente respondió: «No me avergüenzo». Acto seguido, fue asesinada.

Aunque Rachel murió por su fe, su legado demuestra lo estable que puede llegar a ser la juventud en sus convicciones. Después de su funeral, su madre encontró, detrás del ropero, sus manos dibujadas de cuando tenía 13 años y una frase que decía: «Estas manos pertenecen a Rachel Joy Scott. Algún día tocarán millones de corazones para el Señor». Claro que sí. Su testimonio de valentía y confianza han tocado los corazones de muchos jóvenes, y han sido inspirados para dar testimonio del Evangelio. Su historia ha sido reflejada en una película llamada *I'm not ashamed.*

Rachel sigue tocando vidas. Como ella, acepta el desafío de conocer de manera personal a Dios, de hacerlo tu mejor amigo, que sea tu amparo y fortaleza en los momentos difíciles (Salmos 46:1), que renueve tus fuerzas y te quite las sensaciones de vulnerabilidad. Haz de la Escritura tu guía, léela con anhelo ferviente, que sea la lámpara en medio de la oscuridad, tu compañera preferida en tiempo de angustia, para que puedas decir: «pero no me avergüenzo, porque yo sé a quién he creído, y estoy seguro que es poderoso para guardar mi depósito para aquel día» (2 Timoteo 1:12).

Desafío 18: Estudia cada día los atributos divinos a través de la lectura de la Biblia. Aprende más sobre el carácter de Dios y ten hábitos serios de devoción personal.

> *Pues no me envió Cristo a bautizar, sino a predicar*
> *el evangelio; no con sabiduría de palabras,*
> *para que no se haga vana la cruz de Cristo.*
> *Porque la palabra de la cruz es locura a los que se pierden;*
> *pero a los que se salvan, esto es, a nosotros,*
> *es poder de Dios.*
> 1 Corintios 1:17-18

---

1 G. White, E. (1968). *En lugares celestiales*. Asociación Casa Editora Sudamericana, p. 137.

20

Desafiados a la mejor versión desde ahora

*Cada nuevo comienzo viene del final
de algún otro comienzo.*
Séneca

Uno de los mayores desafíos que enfrenté fue el de estudiar Teología, ya que una serie de circunstancias me hicieron desistir de ese objetivo. Decidí regresar a mi casa y prometí no volver a intentarlo. Durante dos años viví con la tristeza de haber rehuido al compromiso que Dios me planteó. Un día, junto con mi esposa, decidí volver a intentarlo ante circunstancias más adversas: por la gracia de Dios, dimos la mejor versión de nosotros y, con mucho esfuerzo, decidimos ser una familia pastoral.

Estamos en un tiempo donde la realización personal está marcada por el riesgo y la estabilidad. En la realidad, este camino está lleno de intentos fallidos, fracasos amargos, derrotas dolorosas y malas decisiones que han llevado a algunos a la frustración. El poeta Amado Nervo escribió en su prosa *En paz*:

Porque veo al final de mi rudo camino

que yo fui el arquitecto de mi propio destino;

que si extraje las mieles o la hiel de las cosas,

fue porque en ellas puse hiel o mieles sabrosas:

cuando planté rosales, coseché siempre rosas.

Hay momentos críticos en la vida que pretenden escribir tu historia de una manera distorsionada; en ellos puedes decidir dejarte abatir o mostrar tu mejor versión. Como ocurre con la historia de Isaac Newton:

> nació prematuramente el día después de Navidad en Woolsthorpe, Lincolnshire. Era un bebé pequeñísimo y le dieron pocas posibilidades de supervivencia. (...) El padre de Newton murió antes de que él naciera. Cuando cumplió tres años, su mamá lo dejó con su abuela y se casó con un hombre de un pueblo cercano. Esto le dejó una herida de por vida; se sintió rechazado por su familia. Odiaba a su padrastro y amenazaba con prenderle fuego a su casa.[1]

Cuando Newton estaba en la escuela, su madre lo retiró para que se encargara de la granja de la familia ya que creía que no tenía capacidad mental. Esta fue su historia hasta que un día decidió cambiar el rumbo y, con esfuerzo y sacando lo mejor de sí, pudo llegar a ser el científico más grande.

La historia que pudo ser

En la Biblia encontramos historias de personajes que fueron llamados a marcar una diferencia. Sin embargo, en algún momento se desviaron del plan de Dios. Una de ellas es la de un joven que tomó decisiones erróneas que lo llevaron al fracaso. Hablamos de Juan Marcos quien era un creyente promisorio y provenía de una familia de oración: «Y habiendo considerado esto, llegó a casa de María la madre de Juan, el que tenía por sobrenombre Marcos, donde muchos estaban reunidos orando» (Hechos 12:12). El nombre latino *Marcus* sugiere que era de ascendencia judeorromana. Siendo converso del apóstol Pedro, ambos tenían una amistad cercana que hasta lo llamaba hijo (1 Pedro 5:13).

Su historia se comenzó a escribir en letras de oro para que el joven Juan Marcos se convirtiera en un poderoso aliado de los apóstoles. De su lado tenía buena familia, excelente tutor y dedicada preparación. En pocas palabras, era alguien muy prometedor. Al igual que este aprendiz, los jóvenes tienen capacidades para llegar a ser influyentes pues han sido formados en buenos hogares e instruidos por padres de fe. Al morir Herodes, se presentó la oportunidad de dar a conocer a Jesús; este era su momento para colaborar y es enviado a su primera misión: «Y Bernabé y Saulo, cumplido su servicio, volvieron de Jerusalén, llevando también consigo a Juan, el que tenía por sobrenombre Marcos» (Hechos 12:25).

Fue llamado a ser un colaborador de Pablo y Bernabé porque anhelaba ser un misionero. Estaba en un momento favorable ya que el viaje era próspero y Marcos se sentía gozoso de tener un papel protagónico al ser ayudante para anunciar la Palabra de Dios (Hechos 13:4-5). Pero vivió una situación que cambió la historia de su vida: «Habiendo zarpado de Pafos, Pablo y sus compañeros arribaron a Perge de Panfilia; pero Juan, apartándose de ellos, volvió a Jerusalén» (Hechos 13:13). De repente, abandonó la misión por el temor a los peligros y las dificultades que habría en Asia Menor. Al ver que Pablo iría a lugares hostiles como Listra y Filipos, se desanimó ante el desafío y decidió volver a la comodidad y tranquilidad de Jerusalén. Renunciar a los ideales y propósitos al encontrar obstáculos significa no estar dispuestos a un compromiso real ante el proyecto de vida.

Volver a Jerusalén representa dejar de alcanzar metas y vivir en la neutralidad de una realidad sin sentido. Cual soldado que huye de la batalla y lleva el estigma de la vergüenza, Marcos tendría que reescribir su historia y buscar una mejor versión de sí mismo, pero esta vez tomado de la mano de Dios. Muchos meses después de su deserción, Pablo y Bernabé llegaron a Jerusalén y dieron buenos informes (Hechos 15:3-4). Mientras él desapareció por diez años, se perdió la expansión triunfante del Evangelio.

Esta cita resume la tragedia de Juan Marcos:

> Allí fue donde Marcos, abrumado por el temor y el desaliento, vaciló por un tiempo en su propósito de entregarse de todo corazón a la obra del Señor. No acostumbrado a las penurias, se desalentó por los peligros y las privaciones del camino. Había trabajado con éxito en circunstancias favorables; pero ahora, en medio de la oposición y los peligros que con tanta frecuencia asedian al obrero de avanzada, no supo soportar las durezas como buen soldado.[2]

La decisión desacertada de este joven afectó las relaciones entre los apóstoles, porque ahora Bernabé y Pablo tenían un conflicto por incluirlo otra vez en la misión:

> Y Bernabé quería que llevasen consigo a Juan, el que tenía por sobrenombre Marcos; pero a Pablo no le parecía bien llevar consigo al que se había apartado de ellos desde Panfilia, y no había ido con ellos a la obra.
>
> Hechos 15:37-38

Las grandes historias se escriben en líneas de sacrificio y con la pluma de la abnegación. Dios puede editar tu historia para ajustarla de nuevo a su plan, puede borrar tus errores y fallas, y reconstruir aquello que no pudo ser. A veces preferimos escribir una fábula en las nubes del conformismo donde las letras se esfuman rápidamente, pero hay que salir de la comodidad y dar lo mejor de ti, estar dispuesto a enfrentar los desafíos y seguir las huellas del Maestro.

A pesar de su error, Dios le dio una segunda oportunidad y su nombre resurge en el lugar menos esperado. En el momento más difícil para su antiguo crítico, es mencionado como uno de los pocos que consolaron a Pablo en la prisión: «Aristarco, mi compañero de prisiones, os saluda, y Marcos el sobrino de Bernabé, acerca del cual habéis recibido mandamientos; si fuere a vosotros, recibidle» (Colosenses 4:10).

Marcos decidió levantarse de las cenizas y recalcular su ruta, demostró su valor en tiempos de profunda crisis. Dios no quita tu propósito si te equivocas, más bien te desafía a sacar la mejor versión de ti. Después, Pablo lo nombró como su colaborador: «Marcos, Aristarco, Demas y Lucas, mis colaboradores» (Filemón 1:24). Cuando permites que Dios reescriba tu historia, él tomará el control de la pluma y cambiará tu vida de tristeza en gozo, de fracaso en triunfo.

Este joven colaboró con Pedro para alcanzar a la cultura romana, con la escritura del evangelio de Marcos. Para Dios no hay causa perdida, por eso sacó a Juan Marcos de la vergüenza a la gloria y es lo que quiere hacer contigo. Más tarde, Pablo habló con afecto acerca de él (Colosenses 4:10) y deseaba verlo durante su último encarcelamiento (2 Timoteo 4:11).

Cuántas noches oscuras han pasado sobre ti al recordar que no has vivido a la altura del ideal divino. ¡No te desanimes! Dios desea escribir una historia maravillosa para tu vida, acepta el desafío en la seguridad de su amor porque: «Jehová cumplirá su propósito en mí; Tu misericordia, oh Jehová, es para siempre;

No desampares la obra de tus manos» (Salmos 138:8). Este mundo demanda tu mejor versión, el cielo clama por ti, la eternidad anhela tu protagonismo; no te quedes en Jerusalén pues hay una historia que escribir... ¿Aceptas el desafío?

La mejor versión en el desierto

Un día, Juan abandonó su empresa pesquera para seguir a Jesús:

> Pasando de allí, vio a otros dos hermanos, Jacobo hijo de Zebedeo, y Juan su hermano, en la barca con Zebedeo su padre, que remendaban sus redes; y los llamó. Y ellos, dejando al instante la barca y a su padre, le siguieron.
>
> Mateo 4:21-22

Él tenía la seguridad de que el proyecto de Cristo era más ambicioso y prometedor. Al discípulo amado le gustaba estar con Jesús porque se sentía aceptado y seguro: «Él entonces, recostado cerca del pecho de Jesús, le dijo: Señor, ¿quién es?» (Juan 13:25). El Maestro conocía sus temores y necesidades, siempre tenía su corazón abierto para recibirle.

La historia de Juan se estaba escribiendo sobre líneas de amor, misericordia y transformación. Cuando Jesús ascendió al cielo, su vida cambió aunque cumplió su misión como apóstol; quedó con un vacío en su corazón por la ausencia física del Maestro. Los apóstoles murieron de una manera trágica, excepto este discípulo que se mantenía vivo, por lo que el emperador Domiciano lo desterró a la isla de Patmos a la soledad y el sufrimiento. Él mismo describió su condición: «Yo Juan, vuestro hermano, y copartícipe vuestro en la tribulación, en el reino y en la paciencia de Jesucristo, estaba en la isla llamada Patmos, por causa de la palabra de Dios y el testimonio de Jesucristo» (Apocalipsis 1:9). Esta isla del mar Egeo, a unos 80 km al suroeste de Éfeso, se usaba como una colonia penal.

Transcurrieron sesenta años sin la compañía de Jesús, sin poder sentir su mano ni oír su voz. Atrás quedaron los recuerdos, los eventos y proezas gloriosas al lado de su Maestro. Juan recordaba sus últimas palabras: «He aquí yo estoy con vosotros todos los días, hasta el fin del mundo. Amén» (Mateo 28:20). En este escenario era muy fácil desanimarse, tener dudas sobre las promesas y la recompensa dichas por Jesús. Había dejado las redes, su empresa, su familia, ahora estaba solo y en una isla muerta. En vez de pescador de hombres lo que tenía eran tiburones alrededor. La única familia que le acompañaba eran los soldados despiadados. Sin juventud ya, lleno de canas y fatigado, le esperaba como galardón una muerte cruel. Acaso, no has tenido alguna experiencia así, donde las cosas no parecen ser lo que Dios ha prometido.

Quizás tu historia se está escribiendo en este momento en la solitaria Patmos, en la soledad del sufrimiento, en la frialdad de tus temores. O tal vez crees que ya no hay futuro para ti, que todo está perdido. Parece que Dios te sacó de tu orilla segura, donde había abundancia de peces y trabajo, para ahora morir en una isla seca, fría y solitaria. Si eres prisionero en la isla del fracaso y problemas, recuerda: «Ciertamente consolará Jehová a Sion; consolará todas sus soledades, y cambiará su desierto en paraíso, y su soledad en huerto de Jehová; se hallará en ella alegría y gozo, alabanza y voces de canto» (Isaías 51:3).

Empezaron a soplar los vientos de cambio donde pronto vería una luz al final del camino: «Yo estaba en el Espíritu en el día del Señor. Y oí detrás de mí una gran voz como de trompeta» (Apocalipsis 1:10). Ese día, Juan estaba en una experiencia de relación profunda con Jesús: ya no podía recostar su cabeza, pero sí descansar en el corazón de Dios. Es en los momentos de soledad y abandono cuando resuena con más fuerza su voz. ¡Qué regocijo sintió al oír la voz de su Maestro! Tantos años sin escuchar esas palabras de amor y comprensión: «Y me volví para ver la voz que hablaba conmigo» (Apocalipsis 1:12). La voz era la misma, pero con más fuerza, y su apariencia era majestuosa.

Jesús se le presentó en toda su gloria y venía en su auxilio: «Cuando le vi, caí como muerto a sus pies. Y él puso su diestra sobre mí, diciéndome: No temas; yo soy el primero y el último» (Apocalipsis 1:17). Caer ante su presencia es una experiencia de adoración íntima. Ezequiel cayó sobre su rostro al ver la gloria divina, Daniel desmayó en la visión, Pedro se derrumbó a los pies del Maestro. Vale la pena esperar en Jesús, sin importar el tiempo, pues está la seguridad de que nunca abandona ni defrauda. Así como Juan le vio en su gloria, tú también lo verás cara a cara pues se manifiesta a quienes aguardan su venida: «Ahora vemos por espejo, oscuramente; mas entonces veremos cara a cara» (1 Corintios 13:12).

En los desiertos más hostiles es cuando Dios te hará florecer, ya que lo hizo con su amado discípulo Juan. En la soledad de la cárcel, todavía tenía un propósito:

> Allí escribió las revelaciones y visiones que recibió de Dios para narrar las cosas que ocurrirían en el período final de la historia de esta tierra. Cuando su voz ya no testificara más por la verdad, cuando no pudiera testificar más por Aquel que amaba y servía, los mensajes que se le dieron en aquella costa rocosa y árida se esparcirían como una lámpara que alumbra.[3]

Las escenas de los últimos capítulos de la historia de este mundo fueron dadas al anciano discípulo. En esa isla solitaria, recibió más mensajes del cielo de los que había recibido durante sus años activos.

El desierto te prepara para cosas mayores y visualizar el futuro con esperanza. ¿Qué vas a sacar de tu Patmos? ¿Te vas a quedar en el temor y la soledad? ¿O aprovecharás esta oportunidad para que Dios reescriba tu historia y te permita florecer en medio de su gloria? Me imagino a Jesús diciéndole: «¡Vamos Juan! Ya se acabó tu Patmos, yo edito tu historia y seguirá escribiéndose. Mientras, ve y escribe a todas las iglesias mensajes sobre lo que viene en el futuro, el poder y amor de tu Señor». Para cada joven, Dios tiene el mismo desafío que es sacar la mejor versión, ser un protagonista dentro del plan divino y pelear la buena batalla de la fe.

Desafío 20: Si has fallado en algunos proyectos de vida, hoy puedes decidir ser tu mejor versión. Desafíate e intenta retomar aquello en lo que no has tenido la suficiente valentía de alcanzar.

Ciertamente consolará Jehová a Sion; consolará todas
sus soledades, y cambiará su desierto en paraíso,
y su soledad en huerto de Jehová; se hallará en ella alegría
y gozo, alabanza y voces de canto.
Isaías 51:3

---

1   BBC (19 de julio del 2015). «El lado oscuro del genio Isaac Newton». Recuperado el 22 de febrero del 2023. https://www.bbc.com/mundo/noticias/2015/07/150707_isaac_newton_secretos_oscuros_finde_dv.

2   G. White, E. (1957). *Los hechos de los apóstoles*. Pacific Press Publishing Association, p. 137.

3   G. White, E. (1999). *El Cristo Triunfante*. Asociación Publicadora Interamericana, p. 314.

21

Desafiados a una vida sin concesiones

*Si no actúas como piensas, vas a terminar
pensando como actúas.*
Blaise Pascal

Cuando empecé a caminar con Dios, tomé la importante decisión de no volver a escuchar música *rock*, a dejar aquello que no armonizaba con mis creencias. Acepté la invitación de Jesús a ser amigos y sigo tomado de su mano para no girar hacia lo que está en el pasado, a lo que quedó atrás, sino a proseguir hacia la meta de su llamado. Tengo muchas cosas que mejorar todavía, pero he comprendido que la fuerza de tus convicciones se desarrollará en la misma proporción que amas a Jesús.

Concesión es la renuncia sobre un asunto concreto que hace una persona a favor de otra, o que permite abrir el compás hacia algo con lo cual no se está de acuerdo. Los sinónimos de este término son 'permiso', 'otorgamiento' y 'aprobación'; mientras que entre los antónimos están 'negación', 'oposición', 'resistencia' y 'denegación'. Una vida espiritual sin concesiones se refiere a la firmeza ante las creencias, los valores y los principios que fundamentan la cosmovisión de vida. Es aquello que permite no fluctuar y mantenerte estable en tus convicciones, aún en medio de situaciones adversas. Este fue el caso de los jóvenes Ester, Daniel y José, cuyas historias muestran cómo mantuvieron un compromiso y fidelidad a Dios que no les permitieron ceder ante las presiones externas. Ellos forman parte de los extraordinarios relatos bíblicos y hoy también se forjan experiencias de héroes que viven con responsabilidad y coherencia ante los fundamentos divinos.

Tal es el caso de Tim Tebow, jugador cristiano que ha participado como *quarterback* en varios equipos de la National Football League de los Estados Unidos, pues el deportista se las ingenió para impactar con su fe en un espacio tan rudo. Para esto, implementó escribir versículos bíblicos en la sombra de protección para sus ojos: el primer pasaje que utilizó fue Juan 3:16. Esto revolucionó a los jugadores y se viralizó en las redes sociales. Otra de las prácticas fue orar de rodillas con ambos equipos después del juego. Lo que otros han destacado de Tim es su decisión de no tener concesiones a la hora de seguir la voluntad de Dios. Decidió llegar casto al matrimonio, lo que originó que su prometida, una exreina de belleza, lo abandonara. En 2020 cumplió su promesa y contrajo matrimonio con Demi-Leigh Nel-Peters, Miss Universo en 2017. Él posteó que iba a ser para siempre.

El campeón de las no concesiones

Pablo, como cristiano y discípulo, se propuso la meta de vivir con firmeza y convicciones para dar a conocer a Jesucristo en Roma. Después de su encuentro con el Salvador, cuando cayó del caballo y quedó ciego, creyó en Jesús como el Hijo de Dios. Al seguir sus pasos, tuvo una experiencia de no concesiones ante los aspectos conflictivos, culturales y religiosos. Al final de su carrera, dirigió un último discurso a la iglesia de Éfeso. El apóstol, con tristeza, se despide de los ancianos en Mileto:

Expresó un compromiso profundo hacia su llamado, la claridad de su propósito y la satisfacción de haberlo logrado. No cedió ante aquello que podía poner en duda su lealtad a Dios. Con lágrimas y la voz ahogada por la nostalgia, hizo un recuento de su historia bajo la seguridad de la protección divina. Estaba listo para decir: «Y ahora, he aquí, yo sé que ninguno de vosotros, entre quienes he pasado predicando el reino de Dios, verá más mi rostro» (Hechos 20:25).

Existe una atmósfera cultural que afecta la forma de conocer, expresar y vivir la espiritualidad, ya que modifica la conciencia de cómo se percibe la realidad. Las características de este ambiente promueven la sensación de un Dios cada vez más personal, lo cual se convierte en el centro de la religión actual. Así como la capacidad de pensar desde diferentes perspectivas lleva a una dispersión donde todo es válido y relativo, esto facilita la superación de lo que se consideran como ideologías rígidas y llevan a un mayor interés por los demás y por el cuidado del planeta.

Es en este medio donde conviven los jóvenes y se promueve la mayor tolerancia, la solidaridad, los vínculos afectivos y la compasión. Es aquí donde está el desafío, puesto que los contenidos son vistos relativamente y la aproximación a lo divino se reviste de una mayor sensación colectiva. Para el joven no es suficiente lo que ha recibido como creyente y cuestiona las respuestas pasadas para transformar los significados de Dios, de salvación y de ser un cristiano. Se atreve a confrontar las formas porque el marco o los lentes con los que comprende su entorno están formados por valores, creencias, costumbres, usos y técnicas que configuran el espacio desde el cual se aproxima a la realidad espiritual. El camino hacia la verdad se vuelve problemático. En este contexto, Pablo decidió: «Pero de ninguna cosa hago caso». Solo se enfocó en Jesucristo como la verdad inalterable y necesaria.

Una vida sin concesiones comprende un distanciamiento de las cosas que impiden el crecimiento y la autonomía. Esto desafía a los jóvenes a ir contracorriente porque, al crecer la racionalidad, la conciencia se vuelve más universal e igualitaria, ya que trasciende las fronteras y cambia el comportamiento moral matizándolo por una razón más solidaria. Esta juventud vive una experiencia religiosa y espiritual insatisfactoria por la necesidad de respuestas más razonables y acordes a sus percepciones. Si se pone del lado de Dios, se opondría a lo socialmente adecuado, lo que crea un conflicto y un rechazo instintivo hacia la religión. Las nuevas preguntas que surgen en las mentes de los jóvenes quedan en el vacío del paradigma anterior.

Tal vez esto se deba a las formas en que la religión llega a los jóvenes, las cuales alteran el contenido o no lo presentan de forma adecuada, por lo que la esencia de Dios se pierde entre los formatos que no tienen impacto sobre las creencias juveniles. La idea distorsionada de un Dios tal como la tuvieron las personas cuando Jesús declaró: «De cierto, de cierto os digo que me buscáis, no porque habéis visto las señales, sino porque comisteis el pan y os saciasteis» (Juan 6:26). La visión del Salvador influye en la motivación de seguirlo por unos beneficios específicos, por la posible seguridad o por las conveniencias personales. La entrega y el amor hacia el Señor dependen de la relación y las vivencias espirituales que llevan a conocerlo realmente y a escogerlo como la mejor opción: «Le respondió Simón Pedro: Señor, ¿a quién iremos? Tú tienes palabras de vida eterna. Y nosotros hemos creído y conocemos que tú eres el Cristo, el hijo del Dios viviente» (Juan 6:68-69).

Como joven, vives en un mundo marcado por la interrelación donde son normales la globalización, la red, la unidad y el internet. Este sentido general y colectivo interfiere con la conciencia individual para marcar un estilo de vida sin concesiones: si no bajas los muros protectores individuales, serán un obstáculo para las interrelaciones normales en la sociedad actual. Entonces, llegas al punto de centrarte en lo más relevante para tu vida, hacer caso y escuchar aquello que te hará mejor persona, lo que implica que debes renunciar a lo que no contribuye en tu crecimiento espiritual y fijar tu atención en lo que Dios te ofrece.

Continuar en tu objetivo de vida hace necesario que no escuches las voces que pueden desviarte de Él, como:

- la temporalidad, la cual te invita a vivir el ahora y disfrutar el momento sin considerar la construcción de un futuro mejor;
- la popularidad, que te lleva a centrar tu experiencia en el éxito momentáneo y superficial, y no en aquello que perdura y es estable;
- la adolescencia, que te hace creer que solo tú cuentas en un futuro interminable, en vez de usar cada día como una inversión para la eternidad;
- el mínimo esfuerzo, donde puedes alcanzar la victoria sin dedicación, dejando de lado tus capacidades y potencial;
- la tecnología, que ofrece un mundo irreal y de lo posible, quitándote la experiencia real que transforma y desarrolla;

- la independencia de Dios, donde puedes vivir con tu sabiduría y deseos sin el propósito divino mejor para ti;
- y, finalmente, la voz de la indiferencia espiritual, donde no necesitas a Dios en tu vida y te excluye de lo trascendente y eterno.

Para vivir sin dar un paso atrás en tu fe, necesitas creer que hay algo mayor a tu propia persona y experiencia. Newton se comparaba a un niño que, teniendo en la mano una gotita de agua, se hallaba ante la inmensidad de un océano desconocido. Es lo mismo que hace nuestra mente al tener esa «gotita de agua», a la que tienes acceso, sin preguntarte por el océano inmenso que se escapa de tus manos. Tu vida sin Dios es esa «gotita de agua» porque Él es el océano que le da valor y trascendencia. Pablo comprendió esto y dijo: «Ni estimo preciosa mi vida para mí mismo». Se vio ante la inmensidad y eternidad y proclamó: «Porque para mí el vivir es Cristo, y el morir es ganancia» (Filipenses 1:21). Toda su experiencia estaba escondida y encontraba significado en el Gran Océano, por lo que no le tuvo miedo ni a la muerte (Hechos 21:13).

Estaba satisfecho de haber cumplido su ministerio y caminó para terminar la carrera: «Con tal que acabe mi carrera con gozo». Sin importar las condiciones adversas o errores, tenía el gozo de haber hecho lo mejor. La vida, como toda competición, te presenta obstáculos difíciles de superar: te lleva al cansancio, el desánimo, el dolor, la frustración, el rechazo y la oposición. Como Pablo, es importante que tengas estrategias efectivas, una administración sabia de los recursos, una buena alimentación de la Palabra, hidratarte con la oración, animarte con el Espíritu Santo para tener una motivación y continuar hacia la meta. Quita todo afán de llegar en el primer lugar, de romper un récord, y aférrate a la mano poderosa para llegar a la meta; todo lo demás será regalo de Dios. Enfócate en correr «la carrera que tenemos por delante, puestos los ojos en Jesús, el autor y consumador de nuestra fe» (Hebreos 12:1-2).

Vale la pena una vida sin concesiones, pues es la firma de un compromiso irrevocable hasta la venida de Cristo. Quien esconde su vida en Jesús, vivirá en un clima seguro y estable sin importar las circunstancias. Los discípulos sufrieron muchas persecuciones y cumplieron su propósito de predicar el Evangelio al mundo. ¿Cuál es tu carrera? ¿Cómo no has de terminarla? ¿Por qué la abandonarías si falta poco para llegar? ¿Qué te llevaría a desistir si el galardón es tan valioso?

Tenemos la historia del soldado ateniense Filípides, designado para avisar a su pueblo que, contra todo pronóstico, habían vencido a los persas en la batalla de Maratón. Fue en el año 490 a. C., durante las Guerras Médicas, que Filípides recorrió a prisa 40 km para llegar a Atenas, momento en el cual gritó: «¡Hemos vencido!». Acto seguido, murió de agotamiento. Tú tienes parte en la batalla que se libra en el gran conflicto, eres llamado a correr y dar un mensaje, tienes una meta suprema. No desmayes: aunque flaquees y te agotes, tu ser interior se renueva cada día (2 Corintios 4:16).

Al final, Pablo logró llegar a Roma; con sufrimientos y persecuciones, pudo cumplir su propósito: «para dar testimonio del evangelio de la gracia de Dios». Su vida de firmeza e integridad había dado frutos para presentar el Evangelio. Se convirtió en inspiración para muchos cristianos ante los inclementes desafíos. Ahora mismo, se escriben historias triunfales que te incluyen a ti y a muchos jóvenes más; quienes han decidido estar del lado de la verdad, convertir los sueños de Dios en realidad y llevar esperanza a este mundo. Ya está por cerrarse el telón del conflicto de los siglos, se intensifican los ataques y desafíos, y se excluye a Dios de la sociedad. ¿Qué parte tomarás? Ojalá sea la posición de Daniel, Ester, José y de otros, quienes llevaron una vida sin concesiones, y no te quedes en la indiferencia de los otros cautivos.

La batalla de Pablo llegó a su final. Por orden de Nerón, fue apresado por segunda vez en Roma y fue encarcelado en la lóbrega cárcel Mamertina. Esta vez no se produciría un milagro de liberación como en Filipos: el campeón de la fe y el gran defensor de la verdad había llegado al final de su carrera. Atrás quedaron sus duras batallas y su valentía. Ya era de edad avanzada, pero estaba lleno de gozo y satisfacción por haber cumplido su misión. El soldado fiel, con la armadura desgastada y con señales claras de las innumerables batallas, había llegado al ocaso de su campaña militar. En este punto de su carrera, no tenía amigos ni familiares, solo la esperanza de recibir la corona de la vida. Esperó encadenado y con valentía su pronta ejecución.

Era hora de desprenderse de la armadura, de dejar la capa y los libros que le acompañaron durante sus días de soledad. El viejo soldado deja la milicia celestial y pasa a retirarse. Desde la cárcel en Roma, parece escribir su testamento. Ningunas palabras finales fueron tan conmovedoras como las del campeón de las no concesiones, el apóstol que defendió la causa de Dios como ningún otro:

> Porque yo ya estoy para ser sacrificado, y el tiempo de mi partida está cercano. He peleado la buena batalla, he acabado la carrera, he guardado la fe. Por lo demás, me está guardada la corona de justicia, la cual me dará el Señor, juez justo, en aquel día; y no solo a mí, sino también a todos los que aman su venida.
>
> 2 Timoteo 4:6-8

Estas palabras son un ejemplo de lo que significa llevar una vida en armonía con Dios. Un eco de lo que puedes llegar a hacer cuando tu fe es firme. Un mensaje final con un significado para tu vida que puede ser de inspiración para tu discipulado en crecimiento. La experiencia de un buen soldado de Jesucristo quedará para la posteridad y repercutirá en las generaciones de cristianos que aceptarán el desafío de llevar una vida arraigada en los principios celestiales y sin concesiones ante las presiones sociales y culturales. Para no ceder a los paradigmas actuales hay que distinguir las «formas» del «contenido», de manera que puedas identificar dónde flexibilizar y dónde no. Es decir, conocer desde qué punto valoras la realidad para ser un crítico consciente, claro y lúcido, y no quedar atrapado en los modelos del momento; para que hablar, relacionarse y comprender a Dios no estén influenciados por estas formas.

Este mundo necesita muchas cosas acordes a la filosofía posmoderna. También tiene necesidad de una esperanza que se base en Dios y de aquellos que la muestran sin distorsiones:

> La mayor necesidad del mundo es la de hombres que no se vendan ni se compren; hombres que sean sinceros y honrados en lo más íntimo de sus almas; hombres que no teman dar al pecado el nombre que le corresponde; hombres cuya conciencia sea tan leal al deber como la brújula al polo; hombres que se mantengan de parte de la justicia, aunque se desplomen los cielos.[1]

Esta cita declara que tu protagonismo no es solo una necesidad local, familiar o eclesiástica, sino una urgencia mundial. Expresa claramente el significado una vida llena de convicciones y sin concesiones.

En el pasado, fieles de Dios dieron su vida por esta cosmovisión y dejaron todo por mantener sus creencias. Siervos que desafiaron a los poderes más grandes, quienes defendieron la verdad con una valentía y determinación que sorprendió a sus mismos detractores. El mundo te necesita, te desafía a mostrar un papel protagónico que impacte en todos los sectores de esta sociedad. La fuerza del cristianismo se genera en jóvenes que muestren acciones coherentes a sus creencias, cuyos valores sean la guía que marque su dirección y cuya fidelidad no tenga precio. Desafíate en vivir de tal manera que otros puedan ver en ti la imagen de Jesús.

Ante el umbral de la historia final de este mundo, desafíate a vivir bajo tus convicciones y sin concesiones para encontrar el equilibrio y la armonía. Para que esto sea una realidad, practica la obediencia de Noé al construir el arca y la fe de Abraham al renunciar a su vida para alcanzar el propósito de Dios. Promueve la integridad de José al mantenerse inquebrantable ante los desafíos y la osadía de Moisés para renunciar a la fama y al poder. Experimenta la sinceridad de David al reconocer sus errores y confiar en que Dios tenía un plan superior. Construye la determinación de Daniel para mantenerse firme en sus creencias y fe ante los peligros de su vida. Desarrolla la valentía de los tres jóvenes hebreos en el campo de Dura, quienes confiaron en que honrar a Dios era la mejor inversión. Acércate al espíritu de Juan el Bautista al mostrar el camino correcto hacia el Salvador. Cultiva la abnegación de Juan y Pedro al gozarse en medio de la persecución por causa de su fe.

Terminamos con el máximo ejemplo, Jesús, quien llevó una vida de fidelidad extrema y se mantuvo anclado a su cosmovisión. No se dejó llevar por las formas culturales, sociales ni religiosas, pues tenía su propia identidad y conocía su misión en la vida. Estaba claro en no negociar con el enemigo y tomó el lugar que le correspondía:

«viene el príncipe de este mundo, y él **nada tiene en mí**» (Juan 14:30). La Escritura fue el fundamento de su vida ejemplar: con ella neutralizó al enemigo y lo venció en todos los escenarios. La convirtió en la garantía de su autoridad (Lucas 4:32) y la pauta para establecer el camino correcto (Mateo 22:29).

La dependencia de Dios lo fortaleció y el Espíritu Santo lo guio en sus mayores desafíos. Aunque su vida no fue fácil, se mantuvo firme y no cometió ninguna falta: «uno que fue tentado en todo según nuestra semejanza, pero sin pecado» (Hebreos 4:15). Él es tu modelo, tu mayor inspiración. Por amor a ti, enfrentó tus tormentas y batallas. Llevó una vida sin concesiones porque era la única manera de salvarte. Inspírate y acepta el desafío de vivir como Él. Tomado de su mano, lograrás alcanzar la plenitud y la preparación para ser un fruto de su gracia que reciba las mansiones eternas.

Desafío 21: Es el momento de definir lo que son tus convicciones y los valores que marcan tu futuro. Decide ser fiel en aquellas cosas que están en armonía con el Evangelio. Demuéstrale a Dios que lo amas y estás dispuesto a ser leal, aunque se desplomen los cielos.

Y si mal os parece servir a Jehová, escogeos hoy a quién sirváis; si a los dioses a quienes sirvieron vuestros padres, cuando estuvieron al otro lado del río, o a los dioses de los amorreos en cuya tierra habitáis; pero yo y mi casa serviremos a Jehová.
Josué 24:15

---

1   G. White, E. (2009). *La educación*. Asociación Publicadora Interamericana, p. 54.

Referencias bibliográficas completas

Barna, G. y Hatch, M. (2005). *Punto de ebullición*. Editorial Vida.

Bauman, Z. (2000). *Modernidad líquida*. Polity Press & Blackwell Publishers.

BBC (19 de julio del 2015). «El lado oscuro del genio Isaac Newton». Recuperado el 22 de febrero del 2023. https://www.bbc.com/mundo/noticias/2015/07/150707_isaac_newton_secretos_oscuros_finde_dv.

BBC (7 de mayo del 2014). «El secreto de la atleta que bate récords a los 95 años». Recuperado el 25 de enero del 2023. https://www.bbc.com/mundo/noticias/2014/05/140507_envejecer_sanos_lp

C. L./ReL (26 de agosto del 2012). «Neil Armstrong valoraba más haber pisado donde pisó Cristo que aquella huella sobre la Luna». *Religión en Libertad*. Recuperado el 10 de enero del 2023. https://www.religionenlibertad.com/personajes/24512/neil-armstrong-valoraba-mas-haber-pisado-donde-piso-cristo-que-aquella.html.

Canavati A., S. H. (s. f.). *Adolescentes en llamas*. Recuperado el 9 de febrero del 2023. https://www.centroscomunitariosdeaprendizaje.org.mx/sites/default/files/adolescentes_juventud_en_llamas.pdf.

Clinton, T. (2015). *Consejería Bíblica, tomo 3: Manual de consulta sobre adolescentes*. Editorial Portavoz.

Cortejoso, D. (17 de septiembre del 2014). «La presión del Grupo y su importancia en los adolescentes». *Campamento Terecay*. Recuperado el 10 de febrero del 2023. http://campamentoterecay.blogspot.com/2015/03/la-presion-del-grupo-y-su-importancia.html

Cosmopolita - Siglo XXI (27 de febrero del 2019). «El nihilismo». Recuperado el 31 de enero del 2023. https://www.facebook.com/watch/?v=2924694444765723.

Cruz, A. (2002). *Postmodernidad: El Evangelio ante el desafío del bienestar*. Editorial CLIE.

Cultura Ocio (5 de mayo del 2020). «Gladiator: Las 6 escenas más épicas de la película de Ridley Scott y Russell Crowe». Recuperado el 12 de enero del 2023. https://www.culturaocio.com/cine/noticia-gladiator-escenas-mas-epicas-pelicula-ridley-scott-russell-crowe-20200505141128.html.

Diccionario Vine (1999). «Palabra 'bueno'». Editorial Caribe.

EcuRed (s. f.). «Desenfreno». Recuperado el 15 de febrero del 2023. https://www.ecured.cu/Desenfreno.

El Heraldo (19 de agosto del 2015). «"Somos la era individualista, que privilegia el consumo": Lipovetsky». Recuperado el 19 de enero del 2023. https://www.elheraldo.co/tendencias/somos-la-era-individualista-que-privilegia-el-consumo-lipovetsky-212448.

El Sahili González, L. F. (2015). *Psicología del Facebook*. Editorial Trillas.

Espinel, R. (14 de abril del 2017). «Los 30 influencers más importantes del mundo según Forbes». Recuperado el 25 de enero del 2023. https://produccionaudio-visual.com/produccion-video-digital/30-influencers-mas-importantes-forbes/.

Fernández Paradas, A. (2015). *Interactividad y redes sociales*. Nuevo impulso educativo. Asociación Editorial ACCI.

Fox, K. (22 de mayo del 2017). «Instagram es la red social más perjudicial para la salud mental de los jóvenes». *CNN en Español*. Recuperado el 17 de febrero del 2023. https://cnnespanol.cnn.com/2017/05/22/instagram-es-la-red-social-mas-perju-dicial-para-la-salud-mental-de-los-jovenes/.

Fuentes, H. (23 de noviembre del 2018). «La famosa y controvertida "Apuesta de Dios" del filósofo Blaise Pascal: ¿Por qué es mejor creer?». *Guioteca. ¿Qué quieres saber?* Recuperado el 17 de febrero del 2023. https://www.guioteca.com/fenomenos-paranormales/la-famosa-y-controvertida-apuesta-de-dios-del-filo-sofo-blaise-pascal-por-que-es-mejor-creer/.

G. White, E. (1954). *Historia de los patriarcas y profetas*. Pacific Press Publishing.

G. White, E. (1957). *Los hechos de los apóstoles*. Pacific Press Publishing Association.

G. White, E. (1957). *Profetas y reyes*. Pacific Press Publishing Association.

G. White, E. (1968). *En lugares celestiales*. Asociación Casa Editora Sudamericana.

G. White, E. (1991). *Dios nos cuida*. Asociación Publicadora Interamericana.

G. White, E. (1999). *El Cristo Triunfante*. Asociación Publicadora Interamericana.

G. White, E. (2007). *Testimonios selectos, tomo 4*. Asociación Publicadora Interamericana.

G. White, E. (2009). *La educación*. Asociación Publicadora Interamericana.

Germán Rodríguez, L. y Pérez Álvarez, M. Á. (2014). *Ética multicultural y sociedad en red*. Fundación Telefónica.

Gustavo 1941 (18 de octubre del 2020). «Los 10 mejores influencers del mundo de Instagram». Recuperado el 25 de enero del 2023. https://masonerialibertaria.com/2020/10/18/los-10-mejores-influencers-del-mundo-de-instagram/.

History Maker (s. f.). «La infancia perdida de Katy Perry». Recuperado el 17 de enero del 2023. https://www.historymaker.com.ar/infancia-perdida-katy-perry.html.

Horton, M. (2008). *Christless Christianity: The Alternative Gospel of the American Church*. Baker Books.

Kaleda, G. (14 de diciembre del 2018). «La lucha más dura en el camino del joven». *Doxología*. Recuperado el 16 de febrero del 2023. https://doxologia.org/es/pal-abras-de-espiritualidad/la-lucha-mas-dura-en-el-camino-del-joven.

La información (18 de enero del 2016). «La Universidad de Texas aprueba que los alumnos lleven armas de fuego a clase». Recuperado el 21 de enero del 2023. https://www.lainformacion.com/mundo/la-universidad-de-texas-aprueba-que-los-alumnos-lleven-armas-de-fuego-a-clase_ofcrhfxni1jyst7jwb5nj5/.

López Peláez, A. y Fernández García, T. (2014). *Trabajo Social con grupos*. Alianza Editorial.

MacArthur, J. (2012). *Doce héroes inconcebibles*. Grupo Nelson.

McDowell, J. (2007). *La última generación de cristianos*. Editorial Mundo Hispano.

McDowell, J. y Hostetler, B. (1996). *Es bueno o es malo*. Editorial Mundo Hispano.

McDowell, J. y Hostetler, B. (2004). *Convicciones más que creencias*. Editorial Mundo Hispano.

Melgosa, J., y Fidanza, L. (s. f.). *Un corazón alegre*. Pacific Press Publishing Association. https://adventistbookcenter.com/amfile/file/download/file/672/product/9528/.

Mundiario (3 de mayo del 2013). «El presidente Obama agradece a México su contribución al progreso de Estados Unidos». Recuperado el 12 de enero del 2023. https://www.mundiario.com/articulo/politica/el-presidente-obama-agradece-a-mexico-su-contribucion-al-progreso-de-estados-unidos/20130503210345004332.html.

Navajas, A. (22 de julio del 2009). «Y la Biblia llegó a la Luna». *La Razón*. Recuperado el 19 de enero del 2023. https://www.larazon.es/historico/y-la-biblia-llego-a-la-luna-QLLA_RAZON_169381/.

P. Steyer, J. (2012). *Talking Back to Facebook: The Common Sense Guide to Raising Kids in the Digital Age*. Simon and Schuster.

Pereira Morón, J. (2 de mayo del 2012). «Las siete advertencias del Titanic». *Mensajero Mexicano*. Recuperado el 16 de febrero del 2023. https://www.lossembradores.com/MM/MM_57.pdf.

Pizzalato, B. (s. f.). «La catequesis y la cultura contemporánea: El secularismo». *Catechetical Review*. Recuperado el 17 de febrero del 2023. https://review.catechetics.com/la-catequesis-y-la-cultura-contempor%C3%A1nea-el-secularismo.

Pons Raventos, M. E.; Rebollo Rubio, A.; y Jiménez Ternero, J. V. (7 de marzo del 2016). «Fragilidad: ¿Cómo podemos detectarla?». *SciELO*. Recuperado el 16 de febrero del 2023. https://scielo.isciii.es/scielo.php?script=sci_arttext&pid=S2254-28842016000200010.

Rimabau, S. (7 de noviembre del 2014). «Baku, el devorador de sueños». *Revista Cultura y Ocio*. Recuperado el 10 de enero del 2023. https://es.paperblog.com/baku-el-devorador-de-suenos-2898667/.

Robinson, T. (1 de enero del 2015). «Estados Unidos en guerra contra Dios». *Las Buenas Noticias*. Recuperado el 10 de febero del 2023. http://espanol.ucg.org/noticias-y-profecia/estados-unidos-en-guerra-contra-dios

Ruiz Peña, N. (11 de noviembre del 2015). «Taryn Terrell ex luchadora de WWE se convierte a Cristo». Recuperado el 15 de junio de 2016. http://www.noticiacristiana.com/misiones/evangelismo/2015/11/taryn-terrell-ex-luchadora-de-wwe-se-convierte-a-cristo.html.

Shaeffer, F. (1968). *The God who is there*. Hodder and Stoughton.

Stott, J. (1971). *Cristianismo básico*. Intervarsity Press.

Stott, J. (1996). *La cruz de Cristo*. Ediciones Certeza.

Valda, J. C. (14 de abril del 2019). «El ladrón de sueños». *Evangelista Héctor L. Vásquez*. Recuperado el 11 de enero del 2023. https://www.evangelistahectorvazquez.com/426470231_6753875.html.

Wynter, G. (21 de febrero del 2022). «¿Qué es un influencer? Definición, tipos y ejemplos». Recuperado el 25 de enero del 2023. https://blog.hubspot.es/marketing/marketing-influencers.

Zabala, F. (2000). *No callarás*. Asociación Publicadora Interamericana.

Zabala, F. (2006). *Control de calidad para tu mente*. Editorial Safeliz.

* 9 7 8 6 1 2 5 0 7 8 8 3 4 *